Cómo hacer que tus hijos lean

Cómo hacer que tus hijos lean

Análisis y recetas

Lolo Rico

ALFAGUARA

© Del texto: 2003, Lolo Rico
© De esta edición: 2003, Santillana Ediciones Generales, S.L.
Torrelaguna, 60. 28043 Madrid
Teléfono: 91 744 90 60

Edición: Anabel Lobo
Dirección técnica: Víctor Benayas
Diseño: María Jesús Gutiérrez
Maquetación: Francisco Lozano

Aguilar, Altea, Taurus, Alfaguara, S. A. de Ediciones
Beazley, 3860. 1437 Buenos Aires. Argentina

Editorial Santillana, S. A. de C.V.
Avda. Universidad, 767. Col. Del Valle
México D.F. C. P. 03100. México

Distribuidora y Editora Aguilar, Altea, Taurus, Alfaguara, S. A.
Calle 80, nº 10-23. Santafé de Bogotá. Colombia

ISBN: 84-204-4406-5
Depósito legal: M-14.815-2004
Printed in Spain - Impreso en España por
Unigraf, S. L., Móstoles (Madrid)

Segunda edición: marzo 2004

"A los niños que adquieren gran interés por la lectura en casa, les es fácil leer en la escuela y constituyen la mayoría abrumadora de aquellos que más adelante son buenos lectores".

BRUNO BETTELHEIM

Índice

Nota de la autora 11

Introducción 13

Capítulo 1
LA MADRE, LIBRO DE LIBROS 15
Análisis y recetas 22

Capítulo 2
REINVENTANDO LA LECTURA 24
¿Para qué sirve la palabra? 25
¿Para qué sirve la imaginación? 26
¿Para qué sirve el libro? 27
Análisis y recetas 30

Capítulo 3
¿QUÉ ES UN CUENTO Y PARA QUÉ SIRVE? 31
Canciones-cuento, retahílas y juegos de palabras 31
Análisis y recetas 39

Capítulo 4
PEQUEÑOS CUENTOS PARA PEQUEÑOS NIÑOS 40
Análisis y recetas 44

Capítulo 5

LOS CUENTOS 46
¿Cuándo, dónde y cómo contar un cuento? 46
Un cuento para cada ocasión 46
    Para comer 46
    Para dormir 49
    Tristeza, enfado o rabieta 49
Un cuento narrado para cada oyente 51
El cuento y los miembros de la familia, amigos,
    juguetes y títeres 53
Lo cotidiano y el cuento como elemento fantástico 58
Análisis y recetas 61

Capítulo 6

LECTURAS Y LIBROS 63
Ver leer 63
Estantes en la casa 68
Los libros para niños 73
Los primeros libros antes de aprender a leer 76
    El aprendizaje de la lectura 76
    Lecturas en voz alta 81
Los primeros libros después de aprender a leer 84
    Leyendo solo 84
    El cómic 88
    Poesía y teatro 90
    Hablando de libros 93
Análisis y recetas 94

Capítulo 7

LA ESCUELA Y LA LECTURA 96
Percepciones 104
Lecturas recreativas y lecturas obligatorias 109
Analfabetismo funcional y fracaso escolar 111
Análisis y recetas 116

Capítulo 8

CRECER CON LIBROS.

   ASÍ SOY YO, ASÍ FUERON MIS LIBROS 118

Espacios y libros como proyecto de vida 119

Héroes y personajes amigos 121

Lecturas para pasarlo bien, para vivir aventuras,
   para enamorarse, para convivir, para conocer
   y conocerse. Lecturas para ser mayor 122

Análisis y recetas 126

Capítulo 9

TELEVISIÓN Y LECTURA 127

El cine y la televisión 134

Dibujos animados y adaptaciones literarias 140

Películas y libros 146

Análisis y recetas 147

Capítulo 10

LA MEMORIA DE UNO MISMO 149

La familia como historia 151

Capítulo 11

LA COCINA Y LOS NIÑOS 152

Recetas y cuentos (sin análisis).

Voces, letras y palabras 153

Capítulo 12

ANÁLISIS Y RECETAS. RESUMEN 155

Epílogo 164

Nota de la autora

He dudado mucho al iniciar este libro sobre cómo utilizar los géneros para no limitarme al masculino o darle prioridad sobre el femenino. El tema me ha incomodado a lo largo de las páginas ¿Cómo hacerlo? ¿Qué fórmula de las que están en uso es la mejor? He llegado al final sin encontrar la respuesta. Por eso he utilizado varias, para dejar claro que me interesa el problema que el lenguaje plantea al respecto y para transmitir mi preocupación a los lectores pero sin cansarlos. Recurrir constantemente al cambio de la última vocal o a la repetición, con distinto género, de cada palabra en cuestión me parece fatigoso e incómodo de leer. También de escribir. Confío que, en esta ocasión, cada 'botón' sirva de muestra y que el lector/a, lectora, lector sea capaz de suplir mi ineficacia.

Introducción

He dedicado alguno de mis libros a negar la existencia de la literatura infantil. Reconozco que he sido intransigente y radical al respecto. No obstante, siempre he creído –y expresado también públicamente– que los niños, como los adultos, necesitan libros. Me parece que los niños los necesitan más. El que dichos libros sean o no literatura dependerá de lo que cuenten y de cómo lo cuenten. Pero, en cualquier caso, el cometido de un libro infantil es aficionar a la lectura. O sea, lograr que el lector se lo pase tan bien mientras lo lee que, al llegar al final, desee continuar leyendo.

Cuando Alfaguara me pidió que escribiera este libro, acepté con gusto. Supuse que me permitiría –y así ha sido– meditar sobre un tema que me parece inquietante: ¿por qué no leen los niños? O dicho de otra forma: ¿por qué les cuesta tanto aficionarse a la lectura? Cuando hablo de este tema en público, especialmente cuando lo hago en bibliotecas, los profesores/as, y las madres y los padres que me escuchan manifiestan también su preocupación y me piden consejos prácticos para salvar los escollos que parecen interponerse entre nosotros, nuestros hijos y los libros. No estoy segura de que mis recomendaciones les hayan sido de utilidad. Tampoco las había sistematizado antes. El hecho de que este libro vaya a estar incluido en una colección que se llama *A mí me funcionó* me ha animado a hacerlo; también el recuerdo de lo que leían mis hijos –tengo siete ya mayores– y el darme cuenta con satisfacción de que a casi todos les gusta leer, siendo algunos lectores apasionados. No recuerdo bien lo que hice, ni cómo lo hice. Fue más intuitivo que pensado, más espontáneo que premeditado. Sin embargo, no me cabe duda de que utilicé recursos, que busqué fórmulas, que solventé dificultades... y "a mí me funcionó". En las páginas que siguen voy a tratar de averiguar el secreto, el método que utilicé. En definitiva: de qué manera mis hijos y yo vivimos la hermosa aventura que supone leer. Espero que esta mirada al pasado pueda "funcionarles" igualmente a los lectores.

1. La madre, libro de libros

Es de suponer que si estás leyendo estas páginas es porque te gusta leer o, al menos, no lo rechazas rotundamente. Puede ser que te cueste trabajo y las pases con desgana, o que debas hacer un esfuerzo para no abandonar este libro sobre la mesa o en una estantería. No lo haces y me alegra. Pienso que si continúas es porque esperas algo de él. Supongo que conocimiento.

Tanto si eres lector/a como si no lo eres, confías en que cuando llegues a la última página habrás aprendido algo. Yo siento lo mismo cuando me pongo a leer. Recuerdo que cerca de la casa de mis padres estaba la librería donde mi padre me compró los primeros libros; un lugar mágico que marcó mi niñez. Permanecí muchas horas en aquella tienda, ante el escaparate o en el interior, contemplando los estantes, empinándome para descubrir títulos que aún no hubiera leído. Después salía con el paquete apretado contra las costillas para volver de nuevo la esquina, esta vez camino de mi casa. Una vez en ella, me olvidaba de cuanto me rodeaba para centrarme en la lectura.

Mi afición a la lectura se remonta a una edad que ni siquiera alcanza mi memoria. A una época en la cual yo era demasiado pequeña para leer por mí misma. Me acuerdo, no obstante, de que mi padre ejercía como abogado en la misma casa donde vivíamos y, a determinadas horas, los clientes esperaban turno para entrar en su despacho. Eran momentos que yo aprovechaba para introducirme en la sala de espera, sin que mi familia se diera cuenta, con un libro bajo el brazo, para pedir a alguno que ya conociera o, simplemente, a quien me parecía más amable, que me leyera. Sin embargo, fue para no depender de nadie por lo que aprendí a leer. Desde entonces, memoria y lectura han formado una urdimbre que me impide diferenciar con exactitud lo leído de lo vivido.

Cuando entraba en el despacho de mi padre y veía los estantes de su biblioteca con tantos volúmenes reunidos, me preguntaba, no sin impaciencia, que habría detrás de cada uno de ellos. En su mayoría se trataba de tomos gruesos agrupados por colecciones. Muchos eran de piel y tenían un número dorado en el lomo. Sus páginas estaban llenas de letras formando palabras que se agrupaban en apretados párrafos. Apenas me atrevía a tocarlos aun deseando conocer su contenido. Un día de invierno lluvioso y frío me quejé de no tener nada para leer. "Vamos a ver si encuentro algo", dijo mi padre. Le seguí y le vi abrir el armario central de la librería, el más misterioso, el único que permanecía siempre cerrado con llave. Sujetándolo para que permaneciera entreabierto sin que yo pudiera ver lo que contenía, introdujo la cabeza en el interior y rebuscó durante un par de minutos. Por fin sacó un grupo de libros sujeto con una goma y me lo entregó. Recuerdo que eran pequeños, de color azul y con un grabado en la cubierta cada uno de ellos. Podría asegurar que se trataba de cuentos de hadas orientales. Su lectura me absorbió durante unos cuantos días y, cuando los terminé, le pedí que buscara otros. Fue inútil. Su despacho no escondía más libros infantiles.

–Aquí hay muchos –me dijo entonces, señalando los estantes repletos. Y añadió–: Léelos si eres capaz.

–¿De verdad puedo?

–Claro.

–¿Todos?

–Sí.

Me costó trabajo echar mano del primero. Al principio sólo me atreví a mirarlos. Me fui aproximando poco a poco. Así comencé a leerlos de manera caprichosa, basándome en el título, en el color de las tapas o en el dorado de las cantoneras. Escasamente me enteraba de los contenidos y, pese a todo, leía página tras página de textos apretados y densos que no comprendía, confiando en que algún día sería capaz de entender. ¿Qué esperaba de aquellos libros? Me parece que lo mismo que espero de los que leo hoy. En ocasiones, llego a casa y subo la escalera con rapidez, impaciente. Sé que me aguarda una voz que hablará para mí, y sus palabras desplegarán un mapa que me situará en un lugar del mundo, y me contará una historia que me transformará, mientras la leo, en otra persona, y presentará ante mis ojos inesperadas situaciones, interesantes personajes y momentos de emoción. Conocimiento al fin.

También me extasiaba leyendo cuando era una niña y el tiempo pasaba sin sentir. Un día se fue la luz, pero yo continué ensimismada en la lectura a la luz de una vela. Inesperadamente, mi pelo comenzó a arder. Era largo y bonito. A mí me gustaba. Felizmente, mi abuelo estaba cerca y me cubrió la cabeza con su chaqueta evitando peores males.

–Le está bien empleado; a ver si deja de leer –comentó mi madre.

Yo sabía que se equivocaba, que leería siempre. Incluso, ya mayor, cuando me faltó la luz durante un tiempo, esta vez de los ojos, suplicaba, como cuando era niña, a quien venía a visitarme: "¿Me lees?", y siempre encontré a alguien que, con su voz, me abriera la otra voz, la del libro. Entonces, el mundo se iluminaba para mí.

He dicho que mi madre confiaba en que mi pelo quemado sirviera de escarmiento para que dejara de leer. ¿Acaso mi madre creía que leer era malo? No, supongo que no; pero tenía la impresión de que yo leía en exceso y se quejaba con frecuencia de que viviese en las nubes. También es probable que abrigara el temor de que tanta lectura me alejara del estudio. Hoy sé que quien lee suele estudiar y que el fracaso escolar se debe, en gran medida, a que al no leer por placer se rechaza hacerlo por obligación. Es razonable, y más adelante volveré sobre este tema con mayor detenimiento.

A mi madre el tiempo le demostró que se equivocaba. Recuerdo que, al volver del colegio y disponerme a hacer los deberes, ella se sentaba frente a mí para observarme mientras tejía. Un par de veces por semana, me daba clases particulares de lengua y matemáticas una profesora del colegio, y mi madre permanecía con nosotras, sin intervenir pero sin perder detalle. A veces me he quejado de que se preocupara tanto de vigilar mi formación intelectual y, sin embargo, nunca me contara un cuento. Pero viene a mi memoria que además de leer me gustaba dibujar. Mi distracción preferida era colorear las ilustraciones en blanco y negro de una colección de cuentos de hadas que era mi favorita. Solía dedicarme a ello los domingos por la tarde, sentada ante la mesa del comedor, con el libro abierto y los lapiceros de colores desparramados a su alrededor. Mi madre, junto a mí, me hacía compañía con las manos ocupadas en la costura pero comentando las ilustraciones, aconsejándome determinados colores para los vestidos o abandonando su labor para afilar las puntas de mis lapiceros. Y me leía, claro que me leía, con cuidada entonación y voz clara y armoniosa. La ambivalencia de mi madre entre el amor y el rechazo hacia la lectura me trae a colación a Rudyard Kipling. En unas magníficas memorias tituladas *Algo de mí mismo,* narra su estancia en Inglaterra, donde le mandaron sus padres desde la India para que se educara en la casa de una mujer que acogía pupilos en sus mismas condiciones. Él describe así su partida del hogar paterno y su nueva casa:

"Vino luego otra casa pequeña, que olía a sequedad y a vacío, y el adiós de mi padre y mi madre al amanecer, cuando me dijeron que tenía que aprender pronto a leer y escribir para que me pudieran enviar cartas y libros.

"Pasé en aquella casa cerca de seis años. Era de una mujer que hospedaba a niños cuyos padres estaban en la India".

El escritor tuvo una infancia dura, en la que no faltaron los malos tratos. Dice así, refiriéndose a ella:

"Me salvó mi ignorancia. Se me obligaba a leer sin explicaciones bajo el frecuente miedo al castigo. Y llegó un día en que recuerdo que la 'lectura' aquella ya no era 'había un gatillo en un esterillo', sino el camino hacia algo que habría de hacerme feliz. Así empecé a leer todo lo que encontraba. Tan pronto como se supo que esto me daba placer, la privación de la lectura se añadió a los castigos. Fue entonces cuando empecé a leer a escondidas y en serio.

"No había muchos libros en aquella casa, pero mi padre y mi madre, nada más saber que había aprendido a leer, empezaron a enviarme volúmenes magníficos".

La experiencia de Kipling, y la mía propia, pese a haber grandes diferencias entre una y otra, nos condujeron a los libros, tanto a él como a mí. Sin duda hubo cierto paralelismo. Mi madre me obligaba a estudiar y rechazaba mi tiempo de ocio dedicado a la lectura. No obstante, me cantaba hermosas canciones a la hora de dormir, me leía cuentos y, algo importante, entraba conmigo en los libros cuando yo, dando rienda suelta a mi imaginación, los recreaba con la fórmula mágica de los colores. Cuenta Kipling, en otras páginas del mismo libro, sus experiencias en la India, que, sin duda, dejaron en él huellas profundas y duraderas.

19

"En el calor de las tardes, antes de la siesta, o ella (el aya) o Meeta (el criado indio) nos contaban historias y canciones infantiles indias que nunca he olvidado, y nos mandaban al comedor una vez que nos habían vestido con la advertencia de 'ahora, a papá y a mamá, en inglés'. Así que uno hablaba 'inglés' traducido con titubeos del idioma vernáculo en que uno pensada y soñaba. Mi madre cantaba maravillosas canciones al piano, un piano negro, y después salía a Grandes Cenas. Una vez volvió muy pronto, estaba yo aún despierto y me dijo que 'al gran Lord Sahib' lo habían asesinado y ya esa noche no habría Gran Cena. Se trataba de Lord Mayo, asesinado por un indígena".

Y en otro punto del relato narra detalladamente aspectos reconfortantes y positivos de su infancia:

"Casi todos los años durante un mes, yo poseía un paraíso que sin duda fue lo que me salvó. Pasaba todos los diciembres con mi tía Georgia, hermana de mi madre casada con Sir Edward Burne Jones en 'The Grange', en North End Road. Las primeras veces debí de ir acompañado, pero luego ya iba solo y, al llegar a la casa, alcanzaba de puntillas la campana de hierro labrado de la maravillosa puerta que daba a la felicidad. Cuando de mayor tuve casa propia y 'The Grange' ya no era lo mismo, rogué y conseguí que me diesen para la puerta aquel llamador, que puse con la esperanza de que otros niños serían también felices al hacerlo sonar. "En 'The Grange' me daban todo el cariño que el más exigente –y yo no era muy exigente– hubiera podido desear. Había un maravilloso olor a pintura y a trementina que venía del gran estudio del piso de arriba, donde mi tío pintaba. Yo disfrutaba de la compañía de mis dos primas y había un árbol con moras, inclinado, al que nos subíamos para tramar juntos. Había, en el cuarto de juegos, un caballo que se balanceaba y una mesa que, inclinada sobre dos sillas, se convertía en un magnífico tobogán. Había cuadros, terminados o a medio terminar, de colores preciosos y, en los cuartos, sillas y aparadores únicos en el mundo porque William Morris –nuestro 'tío Topsy' adoptivo– empezaba a fabricarlos por aquel entonces. Había un constante ir y venir de jóvenes y mayores que siempre estaban dispuestos a jugar con nosotros, excepto un anciano llamado 'Browning', que inexplicablemente no prestaba atención a las peleas que estaban ocurriendo cuando entraba. Lo mejor de todo, sin comparación, era cuando mi amada tía nos leía *El pirata* o *Las mil y una noches* en tardes en que uno se tumbaba en los grandes sofás, tomaba tofis y llamaba a los primos '¡Eh, nene!' o 'Hija de mi tío' o 'Inocente'.

"Más de una tarde, el tío, que tenía una voz magnífica, jugaba con nosotros, aunque en realidad lo que hacía era dibujar en medio de nuestro alboroto. Nunca estaba inactivo. Hicimos que una silla del vestíbulo, cubierta con una tela, le sirviera de asiento a 'Norma la cambiante' y le hacíamos preguntas hasta que el tío se metió debajo de la tela y empezó a darnos respuestas que nos emocionaban y nos daban escalofríos, con la voz más grave del mundo. Una vez bajó en plena jornada con un tubo de pintura 'Mummy Brown' en la mano, y dijo haber descubierto que estaba hecha de faraones muertos y que, como tal, teníamos que enterrarla. Así que todos salimos y ayudamos, según los ritos de Mizraim y Menfis, confío. Todavía hoy yo podría ir con una pala y errar muy poco el punto exacto donde aquel tubo seguirá enterrado".

Me unió con mi madre el que dibujara conmigo y me leyera, y con mis hijos contarles cuentos y comprarles libros y leerlos en voz alta para ellos y con ellos. A veces me han preguntado en alguna entrevista qué personaje literario me hubiera gustado ser y he contestado que Sherezade, porque se trata de un raro híbrido entre mujer y libro. No solamente es similar a un libro, es similar a muchos, a todos. Con la voz y la palabra enamora, salva, tranquiliza y calma, exalta y estimula, enriquece y enseña, emociona y conmueve, despierta la imaginación y conecta con la realidad, abre el apetito y llama al sueño, como los libros. Porque representa la palabra. Ahí radica, creo yo, su dignidad, su más, el más de ella. Pero la palabra es un "don de madre", un don que la madre regala a cada ser que nace enseñándole a hablar. Es el don que civiliza, que humaniza. Al enseñar a hablar la madre enseña el mundo, enseña lo que se llama también el orden simbólico. Porque las mujeres vamos ordenando el mundo, día a día, con la palabra; por eso hay tantas mujeres que escriben poesía. La madre como Sherezade, como poeta, la madre es libro de libros.

ANÁLISIS Y RECETAS

De la experiencia narrada por Kipling, como de la mía, podemos hacer un análisis práctico que me parece útil. Los elementos positivos que le ayudaron a él a convertirse en lector son muy parecidos a los que favorecieron en mí la afición a la lectura, y a las claves de que mis hijos lean y, naturalmente, a mucha más gente que las ha utilizado, posiblemente sin intencionalidad práctica. Me refiero a los siguientes elementos que ahora me limitaré a enunciar, pero que serán parte prioritaria del material de este libro y que iremos viendo a lo largo del mismo.

• Los libros, sin los cuales no sería posible la lectura. Para mí fue definitiva la biblioteca paterna. Sin duda, el escritor también los tuvo, y fueron manifestación del amor que le tenían sus padres, que se los enviaban como regalo ("volúmenes magníficos").

• Otro aspecto de interés es la presencia que, en unos casos para bien y en otros para mal, parecen tener los libros en su vida y en la de las personas que le rodean: sus padres y, sin duda, sus tíos, en "The Grange". También afectan –aunque de una manera equivocada– a la mujer que supuestamente le cuidó en Inglaterra.

• La transmisión oral: las leyendas narradas por el aya y el criado, y la abundancia de cuentos narrados por su tía ("Lo mejor de todo, sin comparación"). También las canciones indias y los juegos de preguntas con "Norma la cambiante", las sugerencias imaginativas del tío, los faraones y las pinturas, así como las historias reales de las "Grandes Cenas" y "el Lord Sahib asesinado", que también hay que tener en cuenta.

2. Reinventando la lectura

Viene a mi memoria la curiosa sensación que tengo cuando en el metro alguien abre un libro y se pone a leer. Me parece, entonces, como si el lector se encontrara dentro de una de esas viñetas que hablan para nosotros en los cómics, encerrando en su interior la parte de diálogo que le corresponde. En el vagón de metro, lo que contiene la viñeta es un mundo distinto del real, y aunque se manifiesta sólo al lector, rebasa sus límites y se amplia al espacio que le rodea. Dice Alberto Manguel en *En el bosque del espejo:*

> "Todo lector, al leer, crea un espacio imaginario, un espacio hecho de la persona que lee y del reino de las palabras leídas: eso que Keats llamó 'el palacio púrpura de dulce pecado'. Este espacio existe, bien en el medio que lo revela o lo contiene (en el libro o en la computadora), bien en su propio ser textual, incorpóreo, como palabras conservadas a lo largo del tiempo, un lugar en la mente del lector".

Intento entonces saber de qué mundo se trata –que es lo que está leyendo–, qué época abarca, qué historia narra y qué personajes han entrado en el espacio común y conviven con los viajeros. Mis esfuerzos se concentran en llegar a conocer el título de la obra o de su autor. A veces no lo consigo y tengo que contenerme para no preguntarlo. Cuando lo logro, y compruebo que ya lo he leído, debo controlarme igualmente para no dar mi opinión. Mis ganas de hablar con un desconocido/a –algo infrecuente en mí– ponen de manifiesto que el libro es un gran medio de comunicación múltiple. Recíproca entre el lector que recibe el pensamiento y la palabra del autor, que hace suyos e interpreta según su necesidad y deseo y, de la misma manera, entre lector y lector unidos por la atracción del texto y el tema del relato. El mismo libro que acabo de citar, recoge unas palabras de san Agustín:

25

> "(...) que las palabras tienden a la condición de la música, que encuentra su ser en el tiempo y carece de situación geográfica particular".

Descubriendo a Forrester es una bonita película que trata el tema de la escritura y la comunicación que se suscita entre un adolescente y un hombre maduro que, tras escribir una buena novela a los 23 años, se retira del mundo. El más joven quiere ser escritor, y Forrester, que ya lo es, le aconseja sentado ante su máquina de escribir:

"El primer borrador hay que escribirlo con el corazón. El segundo con la razón. Golpea con fuerza las teclas. Así. Ya mandas en el texto. Ahora métete en las palabras".

Igualmente, Gaston Bachelard, en su *Poética de la ensoñación,* sugiere las palabras como fuente de ensoñación, atribuyendo al *ánima,* el componente femenino de todo ser, según Jung, el carácter lector, para el cual es necesario cierta lentitud y reposo.

¿Para qué sirve la palabra?

Nos podríamos preguntar. Sin duda, hablar es necesario. Nadie duda de su capacidad como elemento de comunicación, y no es exagerada la imagen de entrar en las palabras, para soñar, como aconseja Bachelard, o para saborearlas, como parece quererle decir Forrester a su pupilo. Pero hay algo que quizá no hemos pensado, y es que las palabras sirven para dar coherencia al mundo y para obtener y conservar nuestra identidad. ¿Qué sería de nosotros si no pudiéramos nombrar las cosas? ¿Qué sería de las cosas si no pudieran ser nombradas? ¿Y de nuestra razón? ¿Y de nuestra capacidad para enjuiciar cuanto nos rodea y nuestras acciones? Al fin y al cabo, el sentido de la palabra reside en que forma un conjunto de sonidos articulados que reproduce una idea. ¿Cómo podríamos subsistir, psicológicamente hablando, sin memoria? En la película *Memento*, el protagonista la pierde, y tiene que ir escribiendo los nombres de las personas y las cosas en el lugar que le parece más seguro para no perderlos: su propio cuerpo. La palabra y el pensamiento están de tal forma interrelacionadas que Amélie Nothomb llega a expresarlo así en su novela *Metafísica de los tubos:* "Dios carece de lenguaje y, por consiguiente, también de pensamiento".

¿PARA QUÉ SIRVE LA IMAGINACIÓN?

Si la imagen es la representación de las cosas, imaginación será la representación mental de las mismas, sean reales o ideales. Conectamos con el mundo a través de la palabra que nos enseña aquella que nos guía y llena nuestro mundo de afectividad: la madre. El niño reconoce el mundo que le rodea y los seres queridos que lo pueblan porque los nombra. Pero al niño no le es dado conocer el mundo entero; también le está vedado relacionarse plenamente con su entorno y con las personas que viven con él, con otros niños, con los seres anónimos de la calle... Ni siquiera es capaz de discernir lo bueno de lo malo, no ya en el aspecto moral, sino funcional. Y mucho menos reconocerse a sí mismo, guiar sus pulsiones internas, sus instintos, conducir su comportamiento. Tampoco situar sus miedos en el contexto debido. Para aprender a entenderse a sí mismo, para integrarse en el mundo real, para poder relacionarse con sus semejantes, el niño necesita imaginar tanto lo que existe y él conoce –objetos y seres vivos– como lo que desconoce y teme, o aquello que desconoce y supone que le va a gustar. Si como dice la filósofa Hannah Arendt "conocer es construir el mundo", sólo nos es dado conocer a través del lenguaje con el que construimos paralelamente realidades y ficciones. Lenguaje y juego son elementos fundamentales para el conocimiento intelectual y el equilibrio psicológico de los niños. En cualquier caso, no debemos olvidar que la imaginación va a abrir una ancha y larga senda ante nosotros, especialmente cuando estamos en la etapa de conocer y crear vínculos con la realidad. ¿Qué sería de nosotros sin las fantasías que nos han permitido llegar a ser lo que ahora somos?

¿PARA QUÉ SIRVE EL LIBRO?

Cuando yo era niña tuve un libro-casa donde no sucedía nunca nada que no fuera posible prever o remediar. En él yo era la dueña y señora de mi vida. Entre sus hermosas páginas de cartón coloreado construí el mundo según mi conveniencia y deseos. Posiblemente fue éste mi primer contacto personal con el libro y, casualmente, coincidió con mi primera relación de amistad. Recuerdo que no me había relacionado con niñas hasta entonces por no haber empezado a ir al colegio. Antes conocí a la niña del libro-casa. Era extranjera, posiblemente nórdica, aunque no estoy segura, y vino con sus padres a vivir a nuestro mismo edificio. Ella trajo el libro la primera vez que vino a jugar conmigo. Jugamos juntas todas las tardes durante los meses que permaneció en el apartamento superior al nuestro. Cuando se fue, me regaló el libro-casa, que formó parte de mi vida durante años y todavía continúa en mi memoria. Fue uno de los grandes juegos de mi infancia, quizá el más importante. Me pregunto ahora por qué fue un elemento decisivo en la construcción de mi propio universo. ¿Qué me indujo a utilizar el libro-casa como un objeto de conocimiento que participó activamente en el entramado sobre el cual mi mundo ha sido hecho y se sostiene? En un principio supongo que me atrajo el considerable tamaño de su formato, la solidez de su estructura y la belleza de sus ilustraciones, que mostraban con precisión y detenimiento el interior de una casa de la alta burguesía del siglo XIX. Pero en un libro sin lectura la atracción no tenía por qué haber trascendido, pudiendo haber sido nulo el ámbito de su influencia. Sin embargo, esperaba tarde tras tarde que llamaran a la puerta para ver aparecer a mi amiga, con el libro entre las manos, en el cuarto de la plancha donde solíamos jugar. Nos instalábamos debajo de la mesa, medio escondidas por la sabanilla blanca que colgaba por los bordes hasta rozar el suelo. Como si se tratara de un rito, una de las dos abría las tapas del grueso volumen y nos introducíamos entre las páginas. Su materialidad de cartulina marcaba la frontera entre una y otra realidad, entre los dos paisajes. El libro era el vehículo que nos permitía pasar del uno al otro sin el dolor del desgarro. El simple gesto de abrirlo hacía posible que todo un mundo se desplegara ante nosotras, tanto como nuestra voluntad y nuestra imaginación lo permitían. También nuestro valor, al menos el mío, que se ponía a prueba cada tarde en nuestros juegos reiterativos que se sucedían incansables. Afortunadamente, gracias al libro-casa descubrí otra forma de pensar el mundo. Para mí se trataba de revivir a diario la experiencia de descubrir para conquistar. Y el mundo me perteneció por primera, por única vez. ¡Cómo describir la emoción que me produjo siempre entrar en un lugar al que únicamente yo –y mi amiga tan niña como yo– tenía acceso! En él se me ofrecía, junto con la ausencia familiar, la impunidad de sentir y desear a mi manera, para poblar de fantasías y ambiciones de felicidad el espacio de mis vivencias. En aquella casa que tanto llegué a amar me fue posible realizar una y otra vez el ensayo general de la función de mí misma, libre e independiente. Es cierto que cerrar el libro me condenaba a la evanescencia; pero, a cambio, se asentaban fuera las arenas movedizas, en el paisaje de mi otra realidad, convirtiéndose en un sólido soporte para mis pies. Estoy convencida de que los numerosos traslados de vivienda a los que he sometido a quienes vivieron conmigo con posterioridad se han debido a una inconsciente intención de repetir, fuera de la cartulina, los mismos gestos de omnipotente bienestar. Y ni siquiera estoy segura de haber alterado desde entonces la interpretación de mí misma que, en las habitaciones de papel, me adjudiqué. En el marco de aquellas páginas tuve la oportunidad de descifrar lo desconocido y, al desvelar algunos de sus misterios, reconocer también zonas de mí misma. Fui consciente de mi existir moviéndome por el interior de la casa-libro, viviendo en ella, realizando allí la multitud de actos que son necesarios para sobrevivir siendo uno mismo y que, habitualmente, no se me permitían. Cuando uno llega a tener conciencia de sí, la tiene también del otro que, en aquella ocasión, era mi amiga. Posiblemente su partida me produjo gran pesadumbre. Lo he borrado de mi memoria con la facilidad que tienen los niños para echar al olvido lo que los contraria. El último día que la vi, al bajar a mi casa para despedirse antes de su partida, traía, como siempre, el libro entre los brazos, y recuerdo que pensé inquieta que por qué no lo tendría ya guardado en lugar seguro, pues me preocupaba que pudiera olvidarlo y se perdiera. "Es para que me recuerdes siempre", dijo al entregármelo. Supongo que se trataba de una frase aprendida de memoria a instancias de su madre y en ese momento no representó nada para mí. Sin embargo, no la he olvidado. Me acuerdo también de que cuando se fue y me quedé sola, me escondí, una vez más, debajo de la mesa, abrí el libro, entré dentro y lloré en secreto.

ANÁLISIS Y RECETAS

• El lenguaje, la imaginación y el libro son inseparables. Los tres elementos se vinculan estrechamente con el pensamiento. Alimentar cualquiera de ellos supone un enriquecimiento intelectual.

• Hay padres y madres que tienen miedo de la imaginación de los hijos. Se equivocan. Darles alas y compartir con ellos las imágenes que desvela la lectura es la mejor manera de conocerlos e inocularlos contra los riesgos que vivir siempre trae consigo.

• Hablar, jugar y leer es aprender a conocer el mundo y a relacionarse con él. Aficionarlos a la lectura es ir con ellos de la mano del libro.

• Uno reinventa la lectura cada vez que contribuye a que otro se aficione a leer.

3. ¿Qué es un cuento y para qué sirve?

CANCIONES-CUENTO, RETAHÍLAS Y JUEGOS DE PALABRAS

Casi todo puede ser un cuento –quizá lo sea–, puesto que *cuento* es la narración, por escrito o de palabra, de un hecho, episodio o anécdota, real o ficticia, de poca extensión y –según el diccionario– "de asunto sencillo", aunque yo no las tengo todas conmigo. Sirve, dentro del tema que nos ocupa, para aproximar a los niños/as a los libros y aficionarlos a la lectura. Y nos referimos al cuento en su sentido más amplio. También son cuentos muchas de las canciones que se cantan a los pequeños para dormirlos. Recuerdo que para un antiguo programa de televisión, *La casa del reloj,* hice algunas canciones muy simples, como esta nana con la que todos mis hijos/as se han dormido muchas veces:

"A la nana, nana,
ponte tu pijama.
A la nana, nana,
da un beso a mamá.
Cierra bien los ojos,
vas a descansar,
ya viene la noche,
con su oscuridad.

De la mano trae,
una luna blanca
y estrellas chiquitas,
casi de cristal.
Trae también canciones
y sueños alegres,
y voces amigas
que tú escucharás...".

Y algunas otras canciones que son como juegos:

"Andando por el desierto a un camello me encontré.
Era un camello gracioso
que siempre hablaba con 'te'.
'Te ven, te con, te mi, te go', el camello me dijo.
'Te ven, te con, te mi, te go', el camello me habló.
'Te no, te no', al fin le he contestado..
'Te no, te no', le he contestado yo...".

Y la transmisión oral de la cultura popular nos ha dejado hermosas muestras: También como juego. Por ejemplo:

"Al alimón, al alimón,
que se ha roto la fuente.
Al alimón, al alimón,
mandadla componer.
Al alimón, al alimón,
no tenemos dinero.
Al alimón, al alimón,
nosotros lo tenemos.
Al alimón, al alimón,
¿de qué es ese dinero?
Al alimón, al alimón
de cascarón de huevo...".

Y sin ir más lejos, todos hemos cantado para jugar *El corro de la patata* y otras canciones-juego tan antiguas como *A tapar la calle* o *Cu-cu, cantaba la rana,* por poner algunos ejemplos de sobra conocidos.

Se comienza por cantar poemillas a los chiquitines moviendo sus deditos. No somos conscientes de que estamos contando un cuento, pero así es:

> "Éste encontró un huevo,
> éste lo coció,
> éste lo peló,
> éste le echo sal,
> y éste pimentón.
> Este pícaro gordo... se lo comió, se lo comió".

Y los trabalenguas, como el de *La cabra ética, perlética* o el de *Don Simón:*

> "En el campo hay una cabra,
> ética, perlética, pelapelámbruda,
> ética, perlética, pelapelambrética.
> La cabra tiene unos hijos
> éticos, perléticos, pelapelámbrudos,
> éticos, pérleticos, pelapelambréticos...".

> "Simón, don Simón,
> como un limón,
> se fue al sermón
> sentado en un simón".

Y la retahíla, también de *La casa del reloj:*

> "Era un hombre que vivía en la luna,
> y llevaba un cucharón
> y su nombre era Pepón.

Era un hombre que vivía en la luna,
su camisa era de chicle,
y llevaba un cucharón
y su nombre era Pepón.
Era un hombre que vivía en la luna,
su camisa era de chicle,
sus botas de caramelo,
y llevaba un cucharón
y su nombre era Pepón.
Era un hombre que vivía en la luna,
su camisa era de chicle,
sus botas de caramelo,
sus botones de chocolate,
y llevaba un cucharón
y su nombre era Pepón...".

Como el gallo *Kiriko*, "que fue a la boda de su tío Perico y por el camino se manchó el pico, y la lechuga no se lo quiso limpiar, ni la vaca comerse a la lechuga que no quiso limpiar el pico al gallo *Kiriko*, que iba a la boda de su tío Perico. Ni el palo pegar a la vaca, que no quiso comerse la lechuga, que no le quiso limpiar el pico al gallo *Kiriko*, que iba a la boda de su tío Perico. Ni el fuego quemar el palo, que no quiso pegar a la vaca, que no se quiso comer la lechuga, que no le limpio el pico al gallo *Kiriko*, que iba a la boda de su tío Perico. Ni el agua apagar el fuego, que no quiso (...), ni el burro beberse el agua...". Y así hasta el infinito.

Y para los que son algo más mayores, *Letras para armar poemas:*

"Nadie sabe dónde vive.
Nadie en la casa lo vio.
Pero todos escuchamos
al sapito glo... glo... glo...".

También los versos del pequeño libro *Animales muy normales* son adecuados para niños amigos de los animales.

Contamos con todo aquello que la tradición popular nos ha ido dejando –mucho, muchísimo más de lo que nos imaginamos– y que Ana Pelegrín ha recogido en varias antologías de las colecciones que la editorial Alfaguara ofrece para las diferentes edades que abarca (de seis años en adelante). También podemos recurrir al romancero. Los romances relatan cosas extraordinarias y sugerentes para los niños. No hay más que recordar, entre otros muchos, *Las tres cautivas:*

> "En el campo moro, entre las olivas,
> allí cautivaron las niñas perdidas;
> el pícaro moro que las cautivó,
> a la reina mora se las entregó.
> –Toma, reina mora, estas tres cautivas,
> para que te valgan, para que te sirvan.
> –¿Cómo son sus nombres?
> ¿Cómo las decían?
> –La mayor Constanza, la menor Lucía.
> A la más pequeña, la llaman María...".

No hay que olvidar los mitos. Nos los facilita Carlo Frabetti en un libro dedicado a los pequeños: *Mitos de ayer y de hoy.*

Asimismo, algunos de nuestros grandes poetas han escrito para niños, y sus libros infantiles están publicados en la actualidad. Por ejemplo, Federico García Lorca:

> "El lagarto está llorando,
> la lagarta está llorando.
> El lagarto y la lagarta
> con delantalitos blancos.
> Han perdido sin querer
> su anillo de desposados...".

Otro recurso es el que ofrece el *nonsense* inglés ("canciones tontas"; yo diría mejor "sin sentido", del cual *Alicia en el país de las maravillas* es una espléndida demostración, como *El huevo Humppty Dumppty* y otros muchos.

"Humppty Dumppty
estaba sobre una pared,
de cabeza al suelo,
el pobre se fue.
Nobles caballeros
–pelucas y lazos–
fueron incapaces de unir sus pedazos".

"Gansita, gansota,
dime, ¿adónde vas?
Al piso de arriba,
al cuarto de atrás.
Allí encontré un viejo,
seco como un ajo,
me vio y se cayó
escalera abajo".

"Un viejo torcido andaba
por un torcido sendero,
y una moneda torcida,
encontró el torcido viejo.
Comprose un gato torcido,
que cazó torcida rata,
y vivieron muy felices
en una torcida casa".

"Rosa, rosa, mariposa,
¿qué crece en tu jardín?
Pechinas marinas, campanas enanas
y niñas bonitas sin fin".

"Dentro de una bota,
en un zapato,
vivía una vieja,
tenía trece hijos
y poca manteca.
Les daba una sopa,
nos cuenta la fama,
y con dos azotes
los metía en la cama".

"Este cerdito se fue al mercado,
y este cerdito se quedó en casa,
este cerdito se atiborró,
este cerdito nada encontró
y hacia su casa ya se marchó".

Hay tanto material, y tan bonito, que cuesta trabajo cambiar de tema. Si continúo, he de referirme a otra gran autora: María Elena Walsh. Qué se puede decir de ella que no esté ya dicho. Sólo una cosa: lástima que sus canciones no estén editadas en España para poder oírlas. De momento, podemos leerlas en cinco libros, editados por Alfaguara: *Zoo Loco, Canciones para mirar* (me entusiasma este título), *Tutú Marambá, Versos tradicionales para cebollitas* y *El Reino del Revés*. Versos, cuentos y diversión garantizada.

Para retahílas, las de *Osito*, la colección de cuentos de Else Holmelund Minarik, también en Alfaguara e ilustrada por Maurice Sendak. En el primero de la serie, titulado *Osito*, la muletilla es doble: "Vete, frío, dice Mamá Osa, que Osito es mío". Y Osito la repite cambiando su sentido: "Fuera, frío, que mi gorro es mío".

Hay otro oso que no se cansa de repetir que no es un hombre tonto, sin afeitar y con un abrigo de pieles. "Yo soy un oso", repite incansable, sin que nadie lo haga caso, en un libro encantador titulado *El oso que no lo era.*

También plantea una situación muy divertida *El topo que quería saber quién se había hecho aquello en su cabeza.* Con este fin, el topo va preguntando a distintos animales si han sido ellos; pero todos le contestan que no, añadiendo: "Yo eso lo hago así...".

Y para terminar, un libro encantador: *Cuentos en verso para niños perversos,* de Roald Dahl, por citar un ejemplo. He aquí una muestra del principio del cuento *Juan y la habichuela mágica:*

> "La madre de Juan dijo: 'Se acabó.
> No queda un chavo en casa...Y digo yo
> que en el mercado, echándole tupé,
> podrás vender la vaca, conque ve
> y cuenta allí lo sana que está *Juana,*
> aunque tú y yo sepamos que es anciana".

De esta forma termina el autor el famoso relato *Ricitos de oro:*

> "'Papá –gritó el osito–, estoy furioso.
> No tengo sopa'. 'Vaya –dice el oso–.
> Pues sube al dormitorio: está en la cama
> metida en la barriga de una dama,
> así que no tendrás más solución
> que dar cuenta del caldo y del tazón'".

Cuentos-canción o canciones-cuento, para el caso es lo mismo, porque pueden o no tener música. Lo importante es que sí tengan entonación y ritmo. Y que se reciten con un tono de voz alegre, optimista y jovial, para que la imaginación proponga imágenes felices.

Análisis y recetas

• *El camello que hablaba con te, El hombre del cucharón, La cabra ética perlética, Humppty Dumppty, El viejo seco, La anciana del zapato, Gansita gansota, El cerdito que se atiborró, El gallo Kiriko, El lagarto y la lagarta con sus delantales blancos, Las tres cautivas, Letras para armar poemas, Mitos de ayer y de hoy, Canciones para mirar, Osito, Cuentos en verso para niños perversos* y otros ejemplos esperan poblar la fantasía de los niños cuando casi no saben hablar.

• Los cuentos sirven para hacer felices a los niños que los escuchan. Será feliz todo niño a quien se le cuenten cuentos y, además de feliz, será lector.

• Los cuentos, narrados o leídos, sirven igualmente como ayuda para construir el propio mundo y encontrarse uno a sí mismo gracias a la identificación con personajes de ficción. Lo explica bien la protagonista de *La historia de Juliet,* de William Trevor y editada en Siruela:

"Así fue como a la vuelta Juliet le contó la historia de *Los girasoles en la nieve,* que se desarrollaba en una ciudad que a Juliet le pareció muy similar a la ciudad en la que ella vivía y, mientras se la contaba, a Juliet le pareció que, aunque su abuela hablaba de un niño que se llamaba Don, en realidad se refería a ella. Por primera vez en su vida sintió que era un niño, que quería a ese niño, y que todo lo que pensaba era lo que ella pensaba, y todo lo que decía lo podía decir ella".

4. Pequeños cuentos para pequeños niños

¡Y tan pequeños! Por ejemplo: mi hija mayor le contaba cuentos a Nagua, su única hija, desde que nació. Para dormir, cuentos versificados, con alguna melodía. En ellos la protagonista era la niña y trataban casi siempre de que superara obstáculos y dificultades y venciera miedos e inseguridades. Los temas eran reales –la casa, la guardería, etcétera– o imaginarios –algún monstruo o hechos inquietantes–. El estribillo, que era el final de cada canción, decía así: "Porque Nagua es fuerte, buena y valiente, guapa y muy inteligente". A veces los cuentos eran de humor, y madre e hija los utilizaban para bromear.

Más tarde, no mucho más, llega el momento del cuento narrado sin el apoyo de la música o la versificación, aunque tampoco es necesario renunciar a ello siempre que el narrador/a y el oyente estén de acuerdo. No obstante, es hora de acudir a los libros como fuente de inspiración o para inventarse los relatos. No. No es tan difícil. Posiblemente, nunca se nos ha ocurrido recurrir a los muebles, utensilios y objetos de la casa. Cada uno puede tener su historia. Otro recurso es que hablen entre sí y sean ellos quienes se refieran al niño/a a quien se le narra el cuento.

Cuando yo era una niña, me contaba a mí misma cuentos que ponía en boca de una mancha de la pared de mi cuarto, a la que yo dotaba de vida, diciendo que era un dragón, por supuesto bueno. Sólo recuerdo que me decía cosas bonitas que me producían un gran placer, como: "Eres tan hermosa como la princesa del cuento", "una niña tan inteligente y buena como tú"... Y ni que decir tiene que cuando alguien se enfadaba conmigo, me daba la razón o, al menos, se ponía de mi parte.

Me viene a la memoria mi cuarto hijo, Nicolás, que siendo pequeño se dañó una mano en un accidente doméstico que pudo ser grave y fue doloroso. Bien entrada la noche, lloraba de dolor a pesar de los calmantes y analgésicos. Me senté a su lado tratando de encontrar un recurso para consolarle. Me pareció que lo más eficaz sería alejar el dolor poniendo en su lugar algo que le distrajera. ¡Un cuento! Sí, pero ¿qué cuento? Debería ser apasionante y nuevo. Los niños tienen una estupenda memoria y recuerdan con todo detalle lo que se les dice o cuenta. Es cierto que las repeticiones son muy positivas y les gustan; pero, en aquella ocasión, no hubiera sido ni oportuno ni eficaz. Para olvidar el dolor debía ofrecerle algo que le sorprendiera y fascinara. No sé por qué me acordé de la foca. El animalito había llamado poderosamente su atención en la última visita que habíamos hecho al zoo. Y empecé a narrar una aventura que improvisé sobre la marcha. No la recuerdo, pero supongo que no sería nada de particular. Tuve, sin embargo, una gran idea: la foca tenía un compañero de aventuras, un tipo valeroso que estaba siempre dispuesto a secundarla: era mi hijo. Gracias al invento pasamos la noche y cuando amaneció dormíamos abrazados, no me acuerdo ya si con foca o sin foca, que pasó a ser un personaje familiar y, durante un tiempo, aparecía en todos los cuentos, naturalmente con Nicolás.

No es difícil encontrar material para los pequeños cuentos que seducen tanto durante la infancia. La tradición popular nos ofrece abundante material, recogido por numerosos autores. No olvidemos los cuentos de hadas. Bruno

Bettelheim los recomienda en su interesantísimo libro *Psico-análisis de los cuentos de hadas,* editado en Crítica:

"El placer que experimentamos cuando nos permitimos reaccionar ante un cuento, el encanto que sentimos, no procede del significado psicológico del mismo (aunque siempre contribuye a ello), sino de su calidad literaria. Y el cuento es en sí una obra de arte, y no lograría ese impacto psicológico en el niño si no fuera, ante todo, eso: una obra de arte.

"Los cuentos de hadas son únicos, y no sólo por su forma literaria, sino también como obras de arte totalmente comprensibles para el niño, cosa que ninguna otra forma de arte es capaz de conseguir. Como en todas las grandes artes, el significado más profundo de este tipo de cuentos será distinto para cada persona e incluso para la misma persona en diferentes momentos de su vida. Asimismo, el niño obtendrá un significado distinto de la misma historia según sus intereses y necesidades del momento. Si se le ofrece la oportunidad, recurrirá a la misma historia cuando esté preparado para ampliar los viejos significados o para sustituirlos por otros nuevos.

"Como obras de arte que son estos cuentos, presentan muchos aspectos que vale la pena explorar, además del significado y el impacto psicológico al que este libro está dedicado. Por ejemplo, nuestra herencia cultural encuentra expresión en tales historias, y, a través de ellas, llega a la mente del niño".

Bettelheim analiza los más famosos, como *El pescador y el genio, Simbad el marino* o *La guardadora de gansos,* sin temor a toda su problemática, a la cual son tan sensibles madres y padres. Alega lo siguiente:

"Para poder dominar los problemas psicológicos del crecimiento –superar las frustraciones narcisistas, los conflictos edípicos, las rivalidades fraternales; renunciar a las dependencias de la infancia; obtener un sentimiento de identidad y de autovalorización, y un sentido de obligación moral–, el niño necesita comprender lo que está ocurriendo en su yo consciente y enfrentarse, también, con lo que sucede en su inconsciente. Puede adquirir esta comprensión, y con ella la capacidad de luchar, pero no a través de la comprensión racional de la naturaleza y contenido de su inconsciente, sino ordenando de nuevo y fantaseando sobre los elementos significativos de la historia, en respuesta a las pulsiones inconscientes. Al hacer esto, el niño adapta el contenido inconsciente a las fantasías conscientes, que le permiten, entonces, tratar con este contenido. En este sentido, los cuentos de hadas tienen un valor inestimable, puesto que ofrecen a la imaginación del niño nuevas dimensiones a las que le sería imposible llegar por sí solo. Todavía hay algo más importante, la forma y la estructura de los cuentos de hadas sugieren al niño imágenes que le servirán para estructurar sus propios ensueños y canalizar mejor su vida.

”Tanto en el niño como en el adulto, el inconsciente es un poderoso determinante del comportamiento. Si se reprime el inconsciente y se niega la entrada de su contenido al nivel de conciencia, la mente consciente de la persona queda parcialmente comprimida por los derivados de estos elementos inconscientes o se ve obligada a mantener un control tan rígido y compulsivo sobre ellos que su personalidad puede resultar seriamente dañada. Sin embargo, cuando 'se permite' acceder al material inconsciente, hasta cierto punto, a la conciencia y se ha elaborado con imaginación, su potencial nocivo –para los demás como para nosotros– queda considerablemente reducido; entonces, algunos de sus impulsores pueden ser utilizados para propósitos más positivos. No obstante, la creencia común de los padres es que el niño debe ser apartado de lo que más le preocupa: sus ansiedades desconocidas y sin forma, y sus caóticas, airadas e incluso violentas fantasías. Muchos padres están convencidos de que los niños deberían presenciar tan sólo la realidad consciente o las imágenes agradables y que colman sus deseos, es decir, deberían conocer únicamente el lado bueno de las cosas. Pero este mundo de una sola cara nutre a la mente de modo unilateral, pues la vida real no siempre es agradable.

"Está muy extendida la negativa a dejar que los niños sepan que el origen de que muchas cosas vayan mal en la vida se debe a nuestra propia naturaleza; es decir, a la tendencia de los hombres a actuar agresiva, asocial e interesadamente, o incluso con ira o ansiedad. Por el contrario, queremos que nuestros hijos crean que los hombres son buenos por naturaleza. Pero los niños saben que 'ellos' no siempre son buenos, y, a menudo, cuando lo son, preferirían no serlo. Esto contradice lo que los padres afirman, y por esta razón el niño se ve a sí mismo como un monstruo".

Aun estando de acuerdo con Bruno Bettelheim, existen dos cuentos de los hermanos Grimm que desaconsejo para los pequeños por su crueldad y dureza: *La novia del soldado* y *El enebro*.

ANÁLISIS Y RECETAS

• No hay un momento determinado para empezar a contar cuentos a los hijos; pero, como ya se ha dicho, es preferible hacerlo cuanto antes y que se convierta en algo natural, porque aporta numerosos beneficios a los niños y contribuye a nuestra paz y tranquilidad.

• El material es variado. Los cuentos de hadas y todo aquello que nos ofrece la tradición oral son insustituibles. No podemos ni olvidar ni despreciar el material que, durante generaciones, han guardado y conservado para nosotros.

• Tampoco podemos dejar de lado los álbumes. Los hay excelentes tanto de forma como de contenido. Preciosos dibujos con buenos textos, como los de David McKee en la colección *Elmer,* cuyo primer título toca un tema muy interesante: "lo diferente", referido en esta ocasión a un elefante, precisamente *Elmer,* con quien los niños/as se identificarán fácilmente.

• De nuevo, Maurice Sendak, con un título inolvidable y siempre citado en las historias de literatura infantil: *Donde viven los monstruos.*

• Álbumes clásicos como los de Rosemary Wells y *La estupenda mamá de Roberta,* así como otros muchos.

• Nuestra imaginación tampoco debe anquilosarse, y podemos inventar cuentos con facilidad si nos lo proponemos. Los cuentos inventados por los padres son los que prefieren los hijos.

45

5. Los cuentos

¿Cuándo, dónde y cómo contar un cuento?

¿Cuándo? Insisto: desde que nacen. A los bebés hay que contarles de todo, decirles palabras que rimen, juegos de palabras y canciones y, puesto que la imagen de sí mismos se la damos nosotros, hablarles de cosas que les permitan afianzar su autoestima. También se les deben enseñar ilustraciones y libros para que los miren, los huelan y los toquen. Hay que continuar hablando con ellos hasta que saben leer (del tema de la lectura hablaremos más tarde). Esto en cuanto se refiere a la edad. El momento y la ocasión varían según las circunstancias. Siempre es importante, a cualquier hora, en cualquier momento; pero en tres ocasiones contar un cuento es de gran utilidad: mientras el niño/a come, cuando se va a dormir y cuando está disgustado, triste, enfadado o tiene una rabieta. También cuando ellos lo piden y se les puede complacer. Naturalmente, los cuentos serán diferentes en cada una de estas circunstancias.

Un cuento para cada ocasión

• Para comer

El alimento tiene estrecha relación con la madre. En los cuentos de hadas casi siempre hay comidas, banquetes, manjares. La madre está presente, se ofrece espléndida y generosa. Es curioso, interesante y práctico este aspecto de los cuentos de hadas, poco estudiado y conocido. En Francia he encontrado un libro cuyo título traducido sería algo parecido a *Alimentos de infancia: recuerdos agridulces,* que tiene un capítulo que se titula, a su vez, "El cuento como alimento escrito", de Muriel Bloch, en el que se facilitan algunos consejos sobre el relato oral relacionándolo con la hora de la comida. Por ejemplo, asegura que contarles cuentos a los niños mientras comen estimula el apetito. Yo diría que es lo opuesto a ver la televisión, que los absorbe y deja tan indiferentes que los pequeños telespectadores difícilmente abren la boca. El autor afirma que los cuentos, durante las comidas infantiles, se deben contar sin temor a levantar la voz, porque: "La voz grave refuerza y estimula las ganas de comer". Parece acertado, cuando se eleva el tono de la voz y se gesticula abriendo mucho la boca. Además, gritar indica vitalidad, y no hay nada más vital que alimentarse bien. Estas apreciaciones me hicieron reflexionar sobre el problema de la anorexia, que tan preocupante me parece. Me di cuenta de que entre el cuento de hadas y los alimentos existe una clara y estrecha relación. En todos ellos aparece algún alimento: habas, gachas, manzanas o, como mínimo, un banquete de bodas. La palabra *manjar,* generalmente en plural: *manjares.* Son tan importantes los alimentos en los relatos y cuentos infantiles que, tradicionalmente, terminaban diciendo: "Y fueron felices y comieron perdices, y a mí me dieron con el plato en las narices".

Cuando yo era pequeña había dos cuentos que me gustaba que me leyeran una y otra vez. Uno de ellos se llamaba *Zorro Hambrón,* y no he vuelto a encontrarlo, pero ha quedado profundamente grabado en mi memoria. Se trata de una niña que vive con su tía y vigila cada noche para evitar que se coma a las ovejas, a las gallinas, a los conejos, un zorro que asola la comarca. La niña se duerme una y otra vez, y la fiera se va llevando a los animales noche tras noche, hasta que una de ellas se lleva a la niña. Ya en su guarida, le anuncia que se la va a comer. "Lástima", le contesta la pequeña, "porque pensaba hacer para ti una tortilla de patata". "¿Qué es una tortilla de patata?", quiere saber el zorro. "Una cosa muy rica que comen los humanos". "¿Tan sabrosa es?". "Sí". "Está bien, la quiero probar". El zorro se marcha a sus correrías y la niña comienza a preparar la tortilla que le va a salvar la vida. Todos colaboran: las gallinas ponen huevos y la huerta aporta las patatas. Naturalmente, a Zorro Hambrón le encanta la tortilla, que es tan grande como una rueda de carro. Así, sucesivamente, el zorro amenaza cada noche con comerse a la niña, y ésta le va preparando cenas.

Cuando narro este cuento, pido a los niños que sugieran comidas "que pudieran gustarle a Zorro Hambrón". Como es lógico, los pequeños recomiendan las comidas que les gustan a ellos, y el zorro se las va comiendo con mucho apetito. El relato tiene un final feliz, porque la protagonista propone al zorro que se vaya a vivir con ella a casa de su tía. Y a cambio de cuidar los animalitos de la granja, comerá como los humanos. También me gustaba la historia de un negrito, creo que se llamaba Sambo, que conquistaba la voluntad de los más peligrosos tigres mediante las tortitas de maíz que le preparaba su madre. Se describía con gran lujo de detalles cómo eran las tortitas: la harina bien dorada, la leche, la miel... He olvidado el nombre del cuento y mi memoria no lo recuerda con tanto detalle como el anterior, pero lo relevante, en una y otra historia, es su aroma a rica comida casera.

Para dar igualmente algunos ejemplos de cuentos actuales que se ciñan al tema de la comida, me referiré a dos cuyos títulos hablan por sí mismos. *Álex, Luisito el Osito y un montón de huevos fritos,* de Ana Rossetti, y *El pulpo está crudo,* de Luis M. Pescetti, aunque no siempre las cosas son lo que parecen. En cualquier caso, son muy adecuados para la hora de comer por ser alegres, ligeros y entretenidos. Lo mismo que: *Vamos a buscar un tesoro* (¡qué mejor tesoro que la comida!), de Janosch, o *Sapo y Sepo inseparables,* de Arnold Lobel, en el que, además, se utiliza el sistema de listas, que nos recuerda al teatro griego, para fijar la atención y la memoria del niño, facilitando su aprendizaje.

• Para dormir

No siempre hay que hacer las cosas de la misma manera. Si en la comida era conveniente elevar el tono de la voz, para ir a dormir es mejor bajarlo. Hablar con voz persuasiva, suave y dulce, haciendo pausas, aunque no tan largas que el niño/a se impaciente y se desvele. No hay que tener prisa, y en caso de que la tengamos, jamás se debe poner de manifiesto. Tampoco se deben contar los cuentos completamente a oscuras. Es preferible para conseguir nuestro objetivo –dormir a la niña/o– que la habitación se mantenga en penumbra.

Habrá que cuidar, igualmente, los contenidos. Nunca deben contarse por la noche cuentos que puedan producir temor o plantear problemas. Todo lo contrario. La casa, la familia, la vida del niño/a están en orden. Nada puede suceder porque la madre y el padre están allí, velando para que nada malo ocurra. También los abuelos, los tíos, los amigos, todos la/e quieren, porque el pequeño ser que va a dormirse es magnífico. Es el momento clave para motivar bellos sueños y elevar la autoestima. Si se quiere recurrir a los cuentos clásicos, están bien resumidos en el libro de Sagrario Luna *Cuentos en 5 minutos para antes de dormir.*

• Tristeza, enfado o rabieta

Los niños a veces están tristes sin saber por qué. Generalmente, se debe a motivos que a los adultos nos parecen nimios, pero que para ellos son perturbadores: se han sentido rechazados por alguien, no se les ha concedido algo que desean, algún hermano, compañero o amigo se ha burlado de ellos... Es indudable que en la vida de los pequeños, como en el mundo de las personas mayores, se suscitan con frecuencia problemas y contrariedades.

Los niños pueden también estar enfadados y ponerlo de manifiesto haciendo blanco de sus iras a personas y objetos, llorando y gritando sin motivo aparente. Siendo así, lo mejor es un cuento, pero contado de forma distinta cuando se les ve tristes que cuando están enfadados. En este caso, el relato y la forma de narrarlo deberá ser estimulante y, ante la rabieta, tranquilizador. Un remedio que no suele fallar es la sorpresa. Supongamos que un niño ha comenzado a llorar sin que podamos comprender la razón. Hemos acudido junto a él para saber qué le sucede, y no hemos obtenido otra respuesta que el llanto y los gritos. Los lamentos son desgarradores. Le ofrecemos juguetes, le prometemos llevarle al circo o invitar a jugar en casa a sus amigos; pero es inútil: el niño se ha tirado al suelo, la ha emprendido a patadas con los muebles y ha golpeado a su hermana, que, a su vez, se ha puesto a llorar. Su comportamiento empeora por momentos: tira al suelo cuanto encuentra a su paso y sus chillidos se multiplican con los azotes que le acabamos de administrar. Como madre o como padre, nos sentimos culpables, pensamos que lo hacemos todo mal, que hemos fracasado, que no sabemos educarle... Y estamos a punto de romper a llorar cuando, realizando una acción casi heroica, nos recuperamos y decidimos que la situación es ingrata, pero que no podemos dejar que la domine nuestro hijo. Y es entonces, precisamente entonces, como si se tratara de un milagro, cuando se nos puede ocurrir la gran idea. Si no hemos tenido éxito ni con los mimos ni con los regalos, si somos incapaces de quedarnos tranquilos/as sin hacer nada, como tampoco sirve de mucho la guerra abierta, lo único que podemos hacer es jugar con la sorpresa. Para ello debemos gritar de repente, procurando que la voz se imponga a su llanto: "¿Qué ha sido ese ruido?". Inmediatamente, el silencio sustituirá al llanto. No se debe perder un solo minuto, es imprescindible continuar hablando y, si no se quiere que la situación se repita, habrá que explicar con todo detalle las características del ruido que, supuestamente, acabamos de oír. En realidad, se trata de que los dos llorones se distraigan intentando averiguar de qué ruido se está hablando. Como no existe ninguno, deberemos continuar utilizando el recurso que ha propuesto la imaginación y seguir inventando. Insistimos: "¿No lo oís? Parece el bramido de un elefante. ¿Se habrá escapado del circo? No, no es eso, creo que está maullando el gato gigante que vive en el tejado" –también podemos decir "el hipopótamo de la piscina"–. Ha llegado el momento del cuento. El niño, que no había oído hablar jamás de un gato gigante y desconocía que hubiera un hipopótamo viviendo en la piscina, se olvida de la rabieta para concentrarse en lo que le contamos. Ha vuelto de nuevo la tranquilidad. Nos la hemos ganado con nuestra paciencia.

UN CUENTO NARRADO PARA CADA OYENTE

Hasta ahora hemos hablado de las circunstancias en las cuales contamos cuentos. Sea a la hora de comer, o cuando los niños van a dormirse, ya se sientan felices como si están enfadados, no se debe olvidar lo que ya se ha dicho: cada situación requiere un tratamiento distinto. Tampoco es lo mismo narrar para un solo niño/a y encontrarnos mano a mano con él o con ella en un ambiente recogido, que hacerlo para un grupo. Será también diferente si se trata de hermanos, compañeros de colegio o amigos que si nos encontramos con varios niños que escasamente conocemos –por ejemplo, en una fiesta de cumpleaños–. En ambos casos, sea uno o sean varios los oyentes, es importante tener en cuenta las edades; no es lo mismo narrar para un niño de cinco años que para uno de nueve. Algo parecido sucede con el carácter.

No puede uno dirigirse de la misma forma a un niño hiperactivo que a una niña que tiende a la pasividad y a la indolencia, o a otra que es amiga de la risa y el juego. Ni que decir tiene que tampoco es igual contar un cuento a un niño sano que a uno que no está sano. No es igual todos los días, y no sólo habrá que tener en cuenta el carácter de los niños, sino también el momento por el que atraviesan. Lo que hoy puede ser importante, mañana no tiene por qué serlo; los cuentos que ayer los divertían hoy los aburren. Leyendo estas consideraciones, uno puede sentirse abrumado, lleno de inquietud por el temor de no saber qué cuentos son adecuados y cuáles no. Y a esto se une la dificultad de discernir entre edades, circunstancias y estados de ánimo. Sin embargo, a la hora de enfrentarse con la realidad, la cuestión no es tan complicada. Las primeras veces tenemos que confiar en nuestra intuición y no tener miedo. Cuando te dedicas con ilusión y afecto a los niños, uno se va fijando instintivamente en pequeños detalles: la mirada, un grito de alegría, unas mejillas sonrosadas por la emoción, un ceño fruncido o un gesto somnoliento. Cuando se domina la observación del gesto, éste nos va diciendo todo sobre nuestros oyentes. Recuerdo a una buena cuentista que, con frecuencia, comenzaba sus relatos con estas palabras: "Yo no sé qué pasó...", y tenía intuición y costumbre para captar el estado de ánimo de su auditorio, que se notaba en la seguridad de su voz y sus movimientos –uno se quedaba embebido con sus palabras, como la boa con la flauta–. Más adelante dedicaré un capítulo a cómo contar un cuento. De verdad que es un magnífico recurso en la vida cotidiana.

Existen libros en los cuales las propias historias destacan diversos problemas y su solución o tratamiento. Por ejemplo:

- *Kris y el verano del piano,* de Enriqueta Antolín (amistad y amor).

- *Juan, Julia y Jericó,* título de Christine Nöstlinger (amistad).

- *Billy y el vestido rosa,* de Ann Fine (feminismo).
- *Cuentos para jugar,* de Gianni Rodari (el juego).
- *Guillermo y el miedo,* de Christine Nöstlinger (temores infantiles).
- *¿Quién es ella?,* de Jerry Spinelli (lo diferente).
- *Bruno y la casa del espejo,* de Ricardo Gómez (resolución de problemas).
- *Julie y los lobos,* de Jean C. George (naturaleza).
- *Benni no habla,* de Peter Steinbach (comunicación).

EL CUENTO Y LOS MIEMBROS DE LA FAMILIA, AMIGOS, JUGUETES Y TÍTERES

En la novela de Dai Sijie titulada *Balzac y la joven costurera china,* Luo, uno de sus protagonistas, es enviado con frecuencia por el jefe del pueblo a la ciudad para que vaya al cine. A su regreso, reúne a los habitantes del lugar para que Luo, que tiene dotes de excelente narrador, les cuente la película. De la misma manera, el padre de la joven costurera, que es sastre y trabaja sin parar, se pasa las noches en casa de Luo para que éste le cuente los libros que está leyendo y que ha encontrado en una maleta. Concretamente, dedica nueve noches sin dormir a *El conde de Montecristo.* Y Luo se asombra de que pueda trabajar durante todo el día y poner atención en el relato por las noches, en vez de descansar.

Tanto el cuento narrado como el libro son medios y formas de comunicación e importantes nexos de unión incluso entre desconocidos y, especialmente, entre amigos y familiares. Además, no se trata solamente de contarles cuentos a los niños, sino de que ellos también nos los cuenten a nosotros. Es una forma sencilla y grata de enterarnos de lo que pasa por sus cabezas, de los hechos que los trastornan, de cuanto les sucede en el colegio y en la calle. Naturalmente, me estoy refiriendo a niños que ya han pasado la etapa de preescolar, que incluso han aprendido a leer. Porque ese medio de comunicación que es el relato oral no debe abandonarse en cuanto conocen las primeras letras. No hay prisa. Podemos prolongar esos encuentros que tenemos con los hijos, bien sea a lo largo del día o por la noche, antes de que llegue el sueño. También hay que motivarlos para que se cuenten cuentos los unos a los otros, especialmente los mayores a los pequeños. Además de lo positivo que resultará psicológica y afectivamente, supone un gesto de solidaridad y contribuye a poner en marcha mecanismos creativos. Conozco a una niña que, espontáneamente, lo primero que hace cuando sus primas o amigas van a su casa a jugar, es contarles un cuento. Resuelve de esa manera los roles que asumirá cada una de ellas a lo largo de la tarde, a qué actividad se dedicarán y cuáles serán sus juegos. También pueden solventar sus desavenencias cuando las haya y ordenar su mundo afectivo. Es de suponer que la niña a la cual me he referido hará lo mismo en los tiempos libres del colegio y cuando sea ella quien se desplace para ir a jugar a casa de sus primas o amigas.

Un cuento no es solamente un relato que nos brinda nuestra imaginación o que sacamos de un libro. Lo es también cuando narramos algún hecho o suceso de nuestro pasado, de la familia, de la ciudad, del barrio o de la propia historia. Los antepasados ofrecen un rico material para narrar, y enseñan a los niños hábitos y costumbres de otras épocas, hechos históricos y, especialmente, lo que Jung llamó "el lenguaje familiar". Viene a mi memoria un libro titulado *Relación entre mujeres,* de María Milagros Rivera, que recoge ciertas teorías de un grupo de feministas basadas en el nombre propio, la lengua materna y el valor simbólico de la madre. Pero yo no me refiero, al menos no solamente, a la lengua materna, sino a esa expresión o lenguaje familiar que va todavía más lejos que la palabra porque asume generaciones de palabras; porque se remonta al pasado y mira al futuro. Me recuerda a uno de los últimos libros de Günter Grass:

El diario de un caracol. Dice el autor que el caracol se aferra al camino y, al mismo tiempo, extiende los cuernos hacia delante. Es un símil acertado, y de él, como de tantas otras imágenes, se puede sacar un cuento. También es como un cuento lo que nos ha sucedido a nosotros ese mismo día, o el anterior, o el mes pasado, o un verano cuando éramos jóvenes. Y no digamos nada de lo mucho que les gusta a los chiquillos que les relaten lo que hacían y decían cuando eran más pequeños. Este conjunto de recuerdos y hechos es un material real e inacabable que puede mezclarse con lo imaginario. Nos servirán también para el relato oral los libros que hemos leído o estamos leyendo, las películas, las visitas, los encuentros con amigos o alguna palabra oída fortuitamente mientras andábamos por la calle.

55

Escribí hace tiempo para uno de mis libros un diálogo imaginario, relacionado con los cuentos, entre la niña que supuestamente encontraba en el interior de un tintero y yo:

"'¿Cuando mamá cantaba para dormirte eran cuentos sus canciones?' La niña canta con la voz bella y vigorosa de mamá: 'En Cádiz hay una niña, / que Catalina se llama / ¡Ay! ¡Ay! ¡Ay! / Una tarde de verano / la llevaron de paseo…'. La niña cambia de canción y altera mi memoria: 'Dicen que no nos queremos, / porque no nos ven hablar. / A tu corazón y al mío / se lo pueden preguntar'. La vivencia del pasado es tan fuerte y sugerente que me hace llorar, pero no me dejo convencer: 'Eran canciones. Son canciones', afirmo rotunda. La niña del tintero insiste: '¿Qué le sucedió a Catalina en el paseo, aquella tarde de verano? ¿Quién decía que no se querían y por qué?'. 'No sigas', grito, 'me vas a volver loca'. 'Acaso no eran cuentos', continúo, 'los dibujos que hacía papá para nosotras, cuando te sentaba sobre sus rodillas y, apoyando el papel sobre su mesa de despacho, dibujaba con una pluma dorada a la que le faltaba la tapa de atrás, y tú temías que por el agujero se escaparan los piratas, los bandidos y los tigres… ¿Eran o no eran cuentos cuando los abuelos contaban cosas de las antepasadas que ya sólo existen en las iniciales de las sábanas de hilo que se guardan en el armario de madera roja. Y el abuelo decía al verlas: 'Etelvina, Etelvina, siempre te recordaré divina'? ¿Y cuando por la noche, la abuela o mamá nos asustaban con aquello de: 'María Marieta…'?".

¿Serán siempre el padre o la madre los encargados de contar los cuentos?, os podéis preguntar sintiendo un peso que cae sobre vosotros porque los niños suelen pedir con oportunidad y sin ella: "Papá, mamá: ¿me cuentas un cuento?". Y no cabe desatender indefinidamente semejante petición, pero sí puede derivarse hacia algún familiar: un hermano mayor o los abuelos. La relación entre abuelos y nietos es estimulante y rica si se fomenta debidamente. En *Abuelos de cuento,* de Sagrario Luna, se destaca la figura de los abuelos/as que aparecen en los cuentos tradicionales, aproximándolos a los niños; igualmente, en *Camila y el abuelo pastelero,* la protagonista del relato aprende a vivir haciendo dulces con su abuelo; también en el cuento de Peter Härtling titulado *La abuela.* Tampoco hay por qué olvidar a los tíos o a los primos si están a mano, ni incluso a los amigos, con prudencia y sensatez. Yo no he podido olvidar a todos aquellos que me leyeron cuando era pequeña; tal vez a ellos les haya sucedido lo mismo y hoy lo cuenten a sus hijos como un suceso curioso ocurrido en el pasado. También los niños podrán leer a sus abuelos cuando a éstos no les sea posible hacerlo por sí mismos; urdimbre afectiva que dejará indefinidamente en la memoria una cálida huella.

Los juguetes son un buen elemento de comunicación para los niños, que a través del juego elaboran el mundo real y construyen el suyo propio –los muñecos les sirven para plantear las relaciones con sus semejantes–. Contar cuentos a sus juguetes es algo que se les puede sugerir si a ellos no se les ocurre. Si se habitúan a hacerlo, se convertirá en una magnífica salida de escape que, además, les facilitará la relación familiar y social, ayudándolos a perder la timidez y a expresarse con soltura. Pero los juguetes formarán también parte del bagaje imaginativo que utilicemos como material para nuestros cuentos. ¿A quién no se le ocurre, fácilmente, un relato sobre uno de los ositos que habitan el cuarto de jugar, una casa de muñecas o un coche de carreras? Y hay un elemento que nos permite narrar cuentos como en un juego y enviar a los oyentes mensajes educativos que los adultos difícilmente podemos hacerles llegar sin suscitar en los pequeños algún tipo de recelo. Me refiero a los títeres, tanto los de dedo que se ajustan o se pintan en los dedos y que son útiles en ambientes recogidos o espacios pequeños, como los teatrillos con muñecos de cartón o papel, o los títeres de guante que pueden utilizarse también en un teatrillo, desde detrás de una mesa, asomándose por el quicio de una puerta o, sencillamente, sin teatro, ni mueble ni pared que oculte que es la mano del adulto quien mueve el muñeco. De esa forma, los niños aprenderán a su vez el manejo de los títeres de guante, que son los más sencillos. Los títeres pueden entablar conversaciones, o echar regañinas, elogiar, dilucidar diferencias, hacer las paces y, sobre todo, representar o narrar toda clase de cuentos, historias, sucedidos. Cantar, recitar retahílas o poemas, bromear, divertir, enfadar, disgustar, gustar, todo dentro del más amable de los juegos.

Cuando se cuenta un cuento no hace falta cambiar el tono de voz tratando de crear distintos personajes. Con los títeres, sin embargo, sí debe hacerse, con el objeto de hacer el espectáculo más verosímil.

Al hablar de los lugares y las ocasiones donde se puede y se debe narrar cuentos, he olvidado los viajes, especialmente en coche, cuando los niños preguntan con insistencia:

"¿Cuándo llegamos?", "¿Falta mucho para llegar?". Es entonces cuando, en lugar de desesperarse, lo mejor es contar un cuento sobre un viaje, sólo que en vez de tratarse de una familia de seres humanos puede ser de conejos, de patos o de marcianos, para, a través de esos personajes, explicar la desesperación del pobre padre que conduce o de la madre que no sabe qué hacer, y reírse cariñosamente de la impaciencia de los hijos para que ellos aprendan a tener sentido del humor y a burlarse de sí mismos.

Terminamos este apartado con bodas, bautizos, fiestas de cumpleaños y otras reuniones familiares, que son, en definitiva, material perfecto para inventar relatos, bien riéndose de ellas, bien elogiándolas o analizándolas y poniendo de manifiesto todo aquello que nos ha disgustado –cuando algo lo ha hecho– y/o explicando lo maravillosas que podrían haber sido o que podrán llegar a ser. También las bodas, los bautizos, los cumpleaños y otras celebraciones familiares son ocasiones propicias para contar cuentos.

LO COTIDIANO Y EL CUENTO COMO ELEMENTO FANTÁSTICO

En los cuentos, lo fantástico puede ir paralelo a elementos cotidianos, convirtiéndolos en extraordinarios. ¿Por qué no hacer desaparecer objetos y seres –como las hadas o el enano saltarín–? También se les puede multiplicar, como la planta de las habichuelas mágicas, que crece en una noche. Lo mismo sucede en otro relato de los hermanos Grimm que aprecio especialmente: *Las gachas,* en el que el puchero las hace cuando se lo mandan, y deja de hacerlas cuando alguien se lo ordena. Si esto no se hace correctamente, las gachas crecen tanto que se desbordan, como cuando la madre olvida decirle al puchero que no cueza más. Las gachas, entonces, invaden la cocina, la casa y las calles del pueblo. Realmente, el cuento y lo fantástico son la misma cosa y todo puede ocurrir.

William Trevor es un buen escritor irlandés que tiene publicado un único libro infantil que se titula *La historia de Juliet* y que habla de un viejo cuentista llamado Paddy Old, irlandés como el autor. Este hombre existió de verdad y se ganó la vida contando cuentos por todo el país. A Juliet le gustaba mucho escucharle. Tanto como a mí que, cuando en un viaje he tropezado con un cuentista, he tenido que contenerme para no irme detrás de él. En Egipto encontré uno que me fascinaba. Narraba en árabe, y me ocurría con él algo maravilloso: a pesar de no saber árabe, entendía los cuentos. Bueno, no estoy segura de que los entendiera, pero sí lo estoy de que me parecía haberlos entendido cuando él terminaba de contarlos.

> "(Juliet) Sabía que sabía, aunque no sabía cómo lo sabía, que si en algún lugar había otras historias, ella las encontraría y las escribiría también. Llegarían hasta ella en sueños y también a través de las cosas que de verdad pasaban y que la gente contaba. A lo que le contaran ella añadiría otras cosas, porque eso era lo que había que hacer: transformarlas en algo propio".

Para Juliet, Paddy Old era excepcional, y se quedaba embelesada oyéndole contar *El marinero y la rata* o *El hombre que perdió su sombra*. También permanecía muy atenta cuando el anciano afirmaba que "todo el mundo tiene una historia" y, más tarde, Juliet pensaba en ello.

Un día, Paddy muere y Juliet se queda muy triste. Para consolarla, su abuela se la lleva a hacer un viaje muy largo. En el tren y en el barco es la anciana señora quien le cuenta cuentos, tantos que el viaje a Juliet le parece corto. La abuela construye un cuento con cualquier cosa porque piensa, como el viejo Paddy, que: "todos tenemos una historia que contar, y no sólo las personas, la tienen igualmente los animales, las plantas y los objetos". ¿Y Juliet, tiene su historia? Ella se lo pregunta continuamente, pero no está segura de la respuesta. Las narraciones de su abuela están inventadas por ella y para ella; la de *Los girasoles que florecían en invierno* o la de *La niña que hablaba con un caracol a la luz de la luna* no se parecen a las de Paddy y las cuenta también de diferente manera, pero a Juliet le gustan.

"Su abuela contaba las historias de un modo muy distinto a como Paddy Old contaba sus historias. Aunque siempre había escuchado con deleite las aventuras de *Conald, Donal y Taig,* y el cuento de *El hombre que se tragó el ratón,* y el de *La rana que era un hada,* Juliet nunca había imaginado que ella pudiera ser un personaje de cuento. 'No hay dos cuentistas iguales', había dicho Paddy Old, y mientras escuchaba la voz de su abuela Juliet entendió por primera vez lo que quería decir".

En *La historia de Juliet* se ve con claridad que lo cotidiano y lo fantástico se unen gracias al relato oral. William Trevor escribe su primer cuento hablando de un cuentista que existió de verdad y que murió, pero que sobrevive por la fuerza de sus narraciones. La abuela se convierte, a su vez, en cuentista y los cuentos se hacen libro, y Juliet toma el relevo y encuentra su historia, que seguramente será cuento a su vez:

"Al final de su viaje, Juliet conseguirá tener la suficiente confianza en sí misma para comenzar su propia historia".

Regresemos ahora a la vida cotidiana para detenernos en un problema concreto: la madre y el padre madrugan mucho porque deben ir a trabajar y los niños tienen que ir al colegio. Los padres saben que se ponen un poco pesados a la hora de levantarse. En efecto, se les llama una y otra vez, pero vuelven a quedarse dormidos. Por fin, el padre y la madre se ponen de acuerdo y, colocándose cada uno a un lado de la cama del más pequeño, le sacan los pies de debajo de las sábanas y comienzan a ponerle los calcetines. El niño protesta y, entonces, el padre o la madre empieza a contar un cuento que no sólo le despierta a él, pues también su hermano levanta la cabeza de la almohada para oír mejor. En estas ocasiones, los cuentos deben hacer alusión directa a algún elemento de la escena que se está desarrollando. Por ejemplo, el cuento del calcetín que ha perdido su zapato, o el de un zapato que ha perdido el pie, o el de la campana del colegio que suena sin niños, o el de los niños del colegio que no tienen campana... Me he referido al momento álgido y penoso de levantarse de la cama; pero idéntico tratamiento se podría aplicar durante el desayuno, cuando el vaso de leche se derrama sobre la mesa empapando las tostadas y el pequeño protesta porque quería comérselas secas y no hay tiempo para tostar otras. Ni el pequeño ni el mayor quieren continuar desayunando, y la madre se pone nerviosa porque dice que el desayuno es la comida más importante del día. Tiene razón. Y el padre se enfada porque se ha manchado y le pone nervioso que la madre se ponga nerviosa. No, no estoy proponiendo que nos pasemos el día contando cuentos ni que éstos sean la solución de todos los problemas. Sólo pretendo decir que es un buen recurso para la vida cotidiana introducir en ella elementos fantásticos; eso sí, oportunamente y mientras lo podamos soportar.

ANÁLISIS Y RECETAS

• Es curioso e interesante observar cómo en la frase hecha con la cual acababan los cuentos tradicionales: "Y fueron felices y comieron perdices... y a mí me dieron con el plato en las narices", la felicidad y el alimento se identifican; elemento importante a la hora de comer los niños. El no compartir las perdices es tan ofensivo como el "me dieron con el plato en las narices".

• En cuanto a las rabietas infantiles, además de sorprenderlos hablándoles de un ruido, se puede recurrir a una luz o a cualquier otro elemento extraño e inhabitual.

• El cuento de Juliet nos aclara con precisión tres de las preguntas que nos planteábamos en este capítulo. ¿Cuándo, dónde y cómo contar un cuento?

¿Cuándo? Desde que son muy pequeños –casi desde que nacen– hasta que saben leer, hasta que realmente saben hacerlo sin ayuda de nadie. En general, cualquier momento y ocasión son buenos; pero, especialmente, cuando los niños lo pidan, a la hora de comer y de dormir o si están alterados. También en los viajes o cuando surgen problemas, porque los cuentos pueden ayudar a resolverlos.

¿Dónde? Todos los lugares sirven para ser feliz, y ya se ha dicho que los cuentos hacen felices a los niños.

¿Cómo? Yo diría que con amor, no sólo hacia quienes nos escuchan, sino hacia el propio cuento –el amor es una enfermedad contagiosa–, y también con sencillez y naturalidad, con buen humor y con alegría.

• No importa repetir los cuentos. Conozco a un niño que quiere que todos los días le cuente su madre el cuento de *Caperucita Roja*. Cuando empieza a escucharlo, se relaja y se duerme. Creo que la repetición aporta seguridad a los niños/as, que se encuentran con lo que ya conocen, y eso viene a ser como una guía que los conduce y les dice, de paso, que ellos también saben. Una demostración es su capacidad para soportar con humor el cuento de "Yo no te digo ni que sí ni que no. Lo que te digo es que si quieres que te lo cuente otra vez".

• Las ilustraciones de los cuentos sirven para ser explicadas. Me refiero a que abrir el libro por cualquier ilustración e ir diciendo lo que representa es una forma novedosa y eficaz de transformar un cuento que ya se sabe, en otro prácticamente nuevo. Además, les encanta.

6. Lecturas y libros

VER LEER

Siempre recordaré a mi padre detrás de un libro. Sentado en su sillón de orejas, junto al balcón. Sólo de tarde en tarde levantaba la vista para contemplar la calle durante unos segundos, pensativo, atusándose el bigote. Enseguida su atención se centraba de nuevo en la página que estaba leyendo. Nunca lo he hablado con mis hijos; pero, desde que eran muy pequeños, me han visto, como yo a mi padre, detrás de un libro. Incluso les daba de mamar leyendo. Quizá por eso lean. Porque es importante ver leer para aficionarse a la lectura. No sólo porque las aficiones se transmiten, sino porque cuando un niño ve leer a sus padres, tal vez piense que, cuando él aprenda a hacerlo, también leerá mucho y será tan mayor y sabrá tantas cosas como ellos. Yo lo creía así.

Recuerdo que cuando era pequeña no entendía todo lo que leía, pero las palabras tenían música y me parecían preciosas. A pesar de ser difíciles, yo continuaba eligiendo los libros sin tener en cuenta que podía no entenderlos. Me parece que es un estímulo no entender, y digo como Juliet: "Sería muy aburrido si lo entendiéramos todo". Entonces, consideraba que ser mayor era entenderlo todo, y yo quería hacerme mayor. Pienso ahora, que lo estoy escribiendo, que con el libro me pasaba como cuando escuchaba al cuentista árabe, que aun no comprendiendo me parecía que sí.

Cuando mi padre leía y yo le hablaba, él me atendía. Si no se atiende a los hijos mientras se lee, ellos pueden pensar que los libros les roban la atención de los padres. Ahora bien, si cuando son pequeños dejamos el libro siempre que nos hablan, nunca van a considerar importante y valiosa la actividad de la lectura. Si cuando los padres hablamos por teléfono les decimos: "Dejadme, no veis que estoy hablando por teléfono", y cuando leemos no, ellos van a respetar al teléfono más que al libro. Qué duda cabe que todo tiene importancia en su momento; pero eso quienes deben entenderlo son los niños, y para que lo entiendan se les debe explicar. Hay que tener el suficiente criterio como para saber cuándo hay que abandonar la lectura y cuándo hay que aclarar que las personas mayores tenemos derecho a un tiempo de descanso y a ocuparlo leyendo. No se nos debe interrumpir, ni el descanso ni la lectura, si no es verdaderamente necesario. Estará bien prometerles que, más tarde, al terminar de leer, se les contará lo que se ha leído. Y habrá que cumplirlo, adaptándolo a los oyentes.

Un consejo práctico es que los adultos, cuando nos estén viendo los niños, leamos algún libro infantil y juvenil de los que ellos leen, o de los que queremos que lean. De paso, nos enteraremos de cómo son sus lecturas. Según la edad que tengan, también se pueden organizar lecturas colectivas en la casa, con horarios consensuados entre todos los miembros de la familia o impuestos por los padres para adaptarlos a su vida laboral, a la conveniencia de los quehaceres domésticos, o al colegio y las edades de los hijos. Ahora bien, ¿si alguien no quiere leer, se le debe obligar? No, desde mi punto de vista, porque obligar tiene negativas consecuencias y puede resultar contraproducente. Se debe permitir que quien no quiera leer se dedique a otra actividad, siempre que no moleste a los que leen. Para ser convincentes, podemos ofrecerles que, al final de la lectura, se contará un cuento y no participará el que no haya leído. Se puede establecer un pequeño premio a la constancia, bien sea colectivo o personal, que siempre se tratará de un libro. Es positivo narrar un cuento después de leer, porque crea un nexo de unión entre el relato oral y la lectura.

Querría dejar claro que ni el cuento ni la lectura deben colocar a los padres en una situación artificiosa. Sin embargo, cuando no se lee con asiduidad, difícilmente se puede conseguir. Si los padres en cuestión son aficionados a la lectura, será más verosímil. Pero ¿y si no les gusta leer? Estoy pensando en cómo pueden leer en voz alta, con naturalidad, los padres que no leen. Sencillamente, reconociendo que ellos también necesitan ese tiempo de lectura porque les parece que leer es divertido, bonito y bueno, y desean aficionarse junto a sus hijos. Y leyendo, y hablando, y contando cuentos el tiempo de lectura se puede convertir en una actividad familiar sin que deje de ser, a la vez, personal e independiente.

Los padres que no leen deberán preguntarse si de verdad quieren que sus hijos lean, y si la respuesta es afirmativa, analizar por qué motivo: ¿para que estudien más y con facilidad? ¿Para que amplíen sus conocimientos y su capacidad intelectual? ¿O porque sencillamente creen que es lo normal? Me parece que esta última es la razón por la cual muchos padres aspiran a que sus hijos lean. Siendo así, se deberían preguntar de nuevo por qué no leen ellos. Los ingleses dicen que se pueden llevar los caballos a beber, pero lo que no se puede es hacer que beban, y yo añado que, en el caso de los niños, se puede si se bebe con ellos; pero para beber hay que desear el agua, o sea, hay que tener sed. Difícilmente la saciarán si no saben dónde está la fuente. Los niños/as no lo pueden saber si no se les enseña la fuente y el agua: los libros y la lectura. Tal vez cuando los padres no leen es porque tampoco ellos lo saben y ni entienden ni valoran las ventajas de la lectura. Me pregunto por qué, en esos casos, que son numerosos, no se unen padres e hijos para aprender. Si fueran lo suficientemente sinceros y modestos como para hacerlo, nada los uniría tanto ni les proporcionaría tanto gozo. No obstante, debo reconocer que la solución no es sencilla. Es evidente que si los padres y las madres aprendieran el valor de la lectura con los hijos, todo iría sobre ruedas, pero lo más probable es que no lo hagan por pereza, falta de ánimo o de tiempo. Siendo así: ¿qué pueden hacer los padres y las madres que no leen, pero que aspiran a que sus hijos sean lectores? Pongamos un ejemplo de la complejidad. Imaginemos unos padres que estén interesados en que sus hijos toquen algún instrumento, aunque ellos no toquen ninguno. Podrán llevarlos al conservatorio para que aprendan y seguirán sus progresos con ilusión, estimulándolos para que no lo dejen y continúen trabajando. No obstante, parece improbable que esos padres no sean aficionados a la música y no la escuchen en casa. Si expusiera el mismo caso pero, en vez de con la música, con el deporte, los niños, o los adolescentes, irían al club adecuado para la actividad deportiva elegida, y los padres seguirían las mejoras y adelantos que realizasen, los verían participar en competiciones, etcétera. La afición a la lectura se desarrolla en casa, durante una larga etapa, en un momento muy importante, que es durante su aprendizaje. Quien lee entonces es casi seguro que continuará haciéndolo. De no ser así, lo más probable es que no vuelva a leer hasta la adolescencia y, en ese momento, dependerá de la influencia de un profesor/a. Para que sea así, tiene que haber un ambiente adecuado, libros en la biblioteca y en las manos de los padres. Sin embargo, no quiero ser pesimista y darlo todo por perdido. Para narrar cuentos inspirándose en algunos libros, para interesarse por lo que leen los niños, para llevarlos a alguna biblioteca pública de vez en cuando o a librerías donde vean y escojan libros, no es imprescindible ser un buen lector. Sí, tener interés, ocuparse de los hijos y pedir al colegio que fomente la afición a la lectura en los alumnos, porque el tema va a quedar en manos de los maestros. Y no desanimarse, a pesar de las dificultades, porque hay maneras sorprendentes de llegar a los hijos en este terreno de la lectura cuando los padres no leen pero valoran los libros. He dicho "sorprendentes", y me lo parecen estas dos historias: la de un campesino que aprendió a leer a los 80 años para poder leer el libro que había escrito su hijo, James Cook —en este caso fue el hijo quien familiarizó al padre con los libros—, y la de una maestra de origen rural, cuya madre, satisfecha del esfuerzo que ella y su marido habían hecho para que la hija estudiara y de los resultados obtenidos, le decía cuando hablaba con ella: "Qué bien hablas, qué de palabras usas". Conmueve pensar que una mujer criada en y para el campo pueda entender y valorar con tanta delicadeza y lucidez la importancia del lenguaje. ¡Qué estímulo para la hija! Mi propia experiencia me dice que es posible crear una influencia mutua entre los padres y los hijos, y que el enriquecimiento sea múltiple porque se irradie en muchas direcciones. Como ya he dicho, fui una buena lectora desde que era una niña y creo haber influido en que lo sean mis hijos, pero ellos me han descubierto la literatura en profundidad, me han abierto horizontes y me han mostrado mundos que eran para mí desconocidos. Me viene a la memoria un libro que demuestra con ingenioso humor la importancia de la lectura. Se titula *La mujer que escribió la Biblia,* de Moacuy Scliar, buen comienzo para un adulto.

Hablar con los hijos tampoco es siempre fácil, pues no se encuentran temas y tanto ellos como los padres se aburren y lo pasan mal, siendo inútil, cuando no negativo, el resultado de los intentos de dialogar. Los libros son un magnífico tema de conversación: lo que se ha leído, lo que se va a leer, de qué trata el libro que estamos leyendo, si nos ha gustado y por qué. Ahora bien, no se debe pedir un comentario de texto; leer no debe convertirse en una obligación, ni parecerse a los deberes del colegio convirtiéndose en algo impuesto por los padres.

ESTANTES EN LA CASA

El libro es un hermoso y misterioso objeto. Tiene su belleza y atractivo, como lo demuestran, entre otros, *Living with books,* de Alan Powers; *At home with books,* de Estelle Ellis y varios autores más, y *Maisons d'Ècrivains,* de Francesca Premoli-Droulers, con prólogo de Marguerite Duras. También Stevenson escribió un pequeño ensayo autobiográfico donde explica que necesita una sala con cinco mesas para poder escribir y cómo utilizaría cada una de ellas. Sólo consiguió tener cuatro, pero la falta de la quinta no parece haber influido en la calidad de su obra. En los libros de decoración a los que me acabo de referir, los volúmenes cubren las paredes de las habitaciones colocados en hermosas estanterías, se amontonan para formar soportes para las lámparas, se agrupan para sostener objetos... Para lo único que no parecen utilizarse es para leer. No se ve ni a una sola persona leyendo. Entre mis libros y los de mi hijo, que permanecen en mi casa mientras él reside en el extranjero, habrá más de 8.000 repartidos por las habitaciones. Cuando necesito uno concreto, prefiero acudir a una librería antes que buscarlo. Sin duda, mi biblioteca no es un modelo de orden. Siempre he querido tener una de dos plantas como la que tenía el doctor Rof Carballo o como la de unos amigos que viven en el mismo edificio que yo. Tienen ejemplares espléndidos; por ejemplo, una primera edición de *Alicia en el país de las maravillas* y otra, también primera, del *Ulises* de Joyce. Reconozco que preferiría tener la de *Alicia.* Hace poco robaron en su casa y les pregunté angustiada qué les habían quitado. Me liberé de mi angustia cuando me dijeron que *Alicia* estaba a salvo. El ladrón no debía entender ni de lectura ni de libros, felizmente.

Rof Carballo se refería en uno de sus libros –no recuerdo ahora en cuál– a "los paisajes del alma". Creo que el paisaje de mi alma está formado por una biblioteca. Tengo un vecino colombiano, un hombre joven de gran bagaje cultural, que me invitó un día a conocer su casa. Nada más entrar en ella me sentí transportada a un mundo idílico de paz y sosiego. El silencio era casi absoluto, los colores neutros, las luces tenues y sólo una fuente instalada en el vestíbulo dejaba oír su rumor. Tomamos el té y, sintiéndome cómoda y relajada, elogié la disposición de los objetos y el ambiente que había creado, que le hacía sentir a uno tan grata impresión. Me explicó que se debía a que se la había decorado un amigo que era un buen arquitecto de interiores y que, antes de comenzar, le había preguntado el orden de sus prioridades. Él le había aclarado que lo que verdaderamente deseaba era que la atmósfera de la casa fuera lo más relajada posible. Me confesó que trabajaba mucho, que sus responsabilidades eran grandes y numerosas, y que cuando llegaba a casa pretendía estar en paz. Durante unos días permanecí preocupada, y cuando entraba en mi casa miraba a mi alrededor echando en falta ese ambiente de sosiego de la casa de mi vecino. Yo también deseaba estar en paz. Por fin me di cuenta de que en su casa no había un solo libro, mientras que la mía estaba llena. Él vive solo, yo no. Conmigo convive mucha gente. Inevitablemente, mi casa es bastante caótica. Pero ¿qué puedo hacer? No es cuestión de mudarse. Y aunque así fuera, qué iba a hacer con Tolstoi y con Proust, con Berger y con Peter Handke, con Balzac y con Stevenson, con Mulish y Günter Grass, con Conrad y con Marguerite Duras. ¿Cómo abandonarlos? ¿Cómo vivir sin ellos? Se vendrían conmigo trayendo tras de sí cientos de personajes y mi nueva casa sería como la que tengo ahora.

¿Cuántas bibliotecas ha habido en mi vida? No puedo resistir la tentación de volver a hablar de la de mi padre, que tanta influencia ha tenido en mi formación intelectual, aunque ya me he referido a ella en el primer capítulo de este libro. Escribí en otro lugar:

"Recuerdo con precisión el despacho de mi padre. Las cintas de luz que se introducían por las rendijas de las persianas se quebraban sobre los volúmenes de los anaqueles, rompiéndose a mediodía sobre los lomos del derecho civil, para iluminar, minutos más tarde, la cuidada encuadernación del Aranzadi. En los estantes más altos se apilaban desordenadamente las novelas y en los más bajos otro tipo de obras sin calificar. Éstos fueron los primeros que leí, intentando seguir el único consejo que me dio mi padre: 'Toma los que quieras, y déjalos si te aburren o si te hacen daño'. No le entendí muy bien, pero no quise confesarlo o, al menos, romper la complicidad que se había establecido entre ambos. Aquel mismo día puse manos a la obra. Leí con ansiedad, desordenadamente, creo que sin entender una sola palabra. Leí con pasión, sintiéndome feliz cuando conseguía comprender algo. Me impresionó Freud y su *Psicopatología de la vida cotidiana*. No podía entender todavía el inconsciente, sólo tenía 11 o 12 años. En aquella época tuve mi primer encuentro con Marx. No sé por qué *El capital* estaba en la biblioteca de un hombre de derechas. Supongo que no entendí nada, pero me gustó leerlo. Tampoco sé por qué. Sólo me prohibieron tres libros, y los leí a escondidas".

V.S. Naipaul, premio Nobel de Literatura de 2001, después de hablar de los libros que leía su padre, hace su propia antología de lecturas en *Leer y escribir* (publicado en Debate):

"Éstos eran algunos fragmentos de esa antología antes de que cumpliera los 12 años: varios parlamentos de *Julio César;* páginas sueltas de los primeros capítulos de *Oliver Twist, Nicholas Nickleby* y *David Cooperfield;* la leyenda de Perseo de *Los Héroes*, de Charles Kingsley; unas cuantas páginas de *El molino junto al Floss;* un cuento romántico de amores, fugas y muerte en

Malasia, de Joseph Conrad; algo de los *Cuentos basados en Shakespeare*, de Lamb; relatos de O'Henry y Maupassant; un par de páginas cínicas sobre el Ganges y una fiesta religiosa de *Jesting Pilate*, de Aldous Huxley; otras cosas del mismo estilo de *Hindoo Holiday*, de J.R. Ackerley, y unas cuantas páginas de Somerset Maugham".

También en otro libro hablé de la importancia que para mí ha tenido la biblioteca de mi hijo Santiago:

"Cuando mi hijo mayor regresó de Lisboa, decidido a marcharse a Túnez indefinidamente, me preguntó si podía guardarle en mi casa sus libros. Acepté e instalé estanterías en las paredes de la habitación donde trabajo, módulos de madera blanca, rectangular, vacíos, que me rodearon invadiendo el espacio. La impresión era extraña y abrumadora. Creí haber leído ya bastante a lo largo de mi vida, y venían a demostrarme lo contrario miles de páginas que no me dejarían indiferente porque sabía que eran libros bien escogidos.

"Sentí desasosiego ante los libros de mi hijo. Los fui mirando al desempaquetarlos, hojeándolos y apartando los que me interesaban. Así, sin querer, agrupé un buen número de volúmenes en el centro de la habitación y, cuando las estanterías estuvieron llenas, no supe qué hacer con ellos. Decidí colocarlos provisionalmente en un lugar asequible, y me pareció lo más adecuado hacer sitio en los estantes bajos donde había ido metiendo, descuidadamente, los libros infantiles. Al sacarlos para dejar espacio, me di cuenta de que allí estaban gran parte de los que le había comprado a mi hijo cuando era todavía un niño. Recuerdo que pensé que los escogí bien, puesto que supieron despertar su afición por la lectura. Llevada por la nostalgia, me senté en el suelo y los fui revisando uno por uno. La me-

71

lancolía fue dejando paso al entusiasmo. Aquellos libros seguían vivos y tan vigentes como cuando se los leía en voz alta. Lo primero que leí de la biblioteca fueron los libros infantiles. Brujas y hadas, piratas y aventureros, y también niños y niñas, tomaron forma en mi despacho sólo para mí. Mares y selvas, volcanes y lagos, monstruos y animales salvajes me transportaron a otros mundos casi olvidados que resurgieron sin hacerse rogar".

Sin embargo, no creo que los niños deban tener muchos libros hasta que no se haya comprobado que los leen. Entonces, sí. Cuando son buenos lectores hay que poner a su disposición los que deseen, los que se les pueda comprar. En realidad, estoy convencida de que deben empezar a hacer su biblioteca, ellos solos, cuando puedan ir personalmente a comprar sus libros, aunque los tenga que acompañar una persona mayor. Lo que quiero decir es que una biblioteca debe estar formada por los libros que su propio dueño escoja y lea –en este caso, los niños/as–. Si no, será inútil. No se trata de comprarles muchos libros para hacer de ellos mejores lectores y que permanezcan en las estanterías sin que nadie los lea. Una casa no es un almacén de libros ni una librería. Me parece que la saturación es contraproducente. Lo pienso, de verdad que lo pienso; sin embargo, de la misma manera que no puedo resistirme a comprar libros para mí, aunque tarde meses en leerlos, tampoco he podido evitar regalárselos a mis hijos cuando eran pequeños, aun sabiendo que los libros que se les compran pueden no atraerles lo suficiente, llegando, incluso, a producirles rechazo y mala conciencia por el hecho de tenerlos sin leer. Una cosa es la cultura y otra el comercio, me he dicho a mí misma mil veces; pero no he sido capaz de dejarlos a dieta de libros. Nunca me han parecido una mercancía, y por eso me ha consolado leer algo parecido en un libro de Gabriel Zaid titulado *Los demasiados libros*:

"No. Está muy bien sentir que los libros no son mercancía, sino diálogo, revelación; pero no para despreciar el comercio, sino para recordar que, en último término, nada es mercancía".

Considero interesante que los niños/as tengan unos estantes para libros en la habitación donde juegan o estudian, pero –insisto– escogidos por ellos. Mientras tanto, iremos colocando en los estantes de una biblioteca –puede ser la nuestra o la de ellos, cuando la tengan– todos aquellos libros que hemos utilizado para contarles cuentos. Así será más fácil remitir del cuento al libro, y viceversa. Mejor si ponemos los dedicados a los más pequeños en un estante bajo, a su alcance, sin temor a que los saquen, los toquen, los hojeen o los rompan. Iremos colocando libros en estantes superiores por edades, o sea, los más altos para los mayores. Tendrán que disponer de una escalera, preferiblemente de madera, de dos o tres peldaños bajos y anchos, y advertirles que tengan cuidado y no dejen que la utilicen los pequeños, para evitar riesgos. Como regla general, creo que es bueno que los libros se deseen, como los juguetes. Pero para ello los tienen que ver en las manos y en la biblioteca de sus padres. Una posibilidad que en ocasiones da resultado es jugar con la sorpresa y colocar libros escondidos debajo de la colcha, con el cuaderno de deberes, en el cajón de la mesilla, etcétera.

Donde sin ninguna duda debe haber bibliotecas es en los colegios.

LOS LIBROS PARA NIÑOS

Es importante escoger bien los libros para niños. Tampoco debe uno atormentarse. A veces se acierta por casualidad y otras uno se equivoca sin querer. Sin embargo, algunos datos pueden servirnos de ayuda para que no nos equivoquemos.

Lo más importante es que los libros, tanto para jóvenes como para adolescentes, sean entretenidos. Nos resultará más fácil si conocemos sus gustos y aficiones.

Se debe tener en cuenta la calidad literaria; pero, en los primeros libros, cuando todavía no son grandes lectores, conviene dar prioridad a la distracción. No obstante, es preferible que reúnan ambas características y alguna más: calidad, contenidos y entretenimiento.

Pero se me podría preguntar en qué consiste la calidad, tratándose de libros para niños. Según mi criterio, no hay demasiada diferencia con los que se editan para adultos: textos bien estructurados, correctamente escritos, con un ritmo ágil y un lenguaje correcto y claro. En cuanto a los contenidos, dice Péter Esterházy, en su introducción a *La alondra*, una novela de Kosztolányi:

"Más allá del lenguaje no hay nada. Sólo hay palabras, y con ellas el poeta lo construye todo: no únicamente su obra, sino, en última instancia, también su propio ser y su propio destino por medio de sus palabras: sus sentimientos, su padre, sus amantes. Por supuesto, se trata de una exageración, aunque al mismo tiempo sea verdad. Es verdad en la medida en que un escritor –según mi opinión de escritor– no debería tener nada que decir, y una exageración en la medida en que no sería conveniente que los libros no tuvieran nada que decir. Si el escritor habla, cae en la pedantería; si el libro es silente, ¿qué interés tiene?".

He citado estas frases de Esterházy, tan crípticas, porque algo parecido se podría decir sobre los contenidos de los libros para niños/as. El escritor que se dedica a este difícil género debe tener en cuenta que "si habla" puede caer en la tentación de moralizar o, por lo menos, de dirigir al niño por la vida a través de unos textos cargados de intencionalidad.

Si los libros para niños no dicen nada, entonces ¿qué interés tienen?

Para no cerrar el tema de una manera tan ambigua: en los contenidos puede, debe, haber imaginación y humor, y ocurrir cosas, porque hay que contar cosas que han pasado, o pasan, o pueden pasar, o no han pasado, no pasan y no pueden pasar; cualquier opción es válida cuando tiene sentido, y las cosas, que pasan o que no pasan, tienen interés y están bien contadas. Deben entretener, porque un adulto puede leer un libro que le aburre por mil motivos que no es necesario enumerar, pero un niño no. Y lo malo no es que si le aburre un libro no lo lea, sino que si le aburren varios deje de leer. Continúo: los contenidos deben ser coherentes, mejor si no son ambiguos y, mucho mejor, si hacen preguntas, aun en el caso de que no las formulen.

En el libro hay otros aspectos que también son importantes: no conviene que sean excesivamente largos, ni de gran formato, ni pesados. Hay que procurar que resulten fáciles de leer en todos los sentidos.

La impresión debe ser buena, nítida y bien destacada; la letra, lo suficientemente grande para que se lea fácilmente; el interlineado, amplio; los blancos, abundantes; las ilustraciones, cuando las tiene, realistas, para que den verosimilitud al texto, o lo suficientemente vagas y confusas para que permitan al lector recrear los personajes. También pueden utilizarse fotografías. El inicio del libro debe ser apasionante. El final, redondo.

Un detalle más: son más fáciles de leer los libros de cuentos –relatos breves–, pero crea mayor tensión el "qué pasará" –relato largo–. Sin embargo, los libros con demasiadas páginas cansan y pueden aburrir. Creo que, aun siendo válido poner unos y otros en las manos infantiles, lo ideal es el relato largo pero corto. Me refiero a la novela breve.

Los primeros libros antes de aprender a leer

• El aprendizaje de la lectura

Con el aprendizaje de la lectura, el niño da un paso importantísimo en el conocimiento del mundo, en la consciencia de sí mismo y en la proyección hacia el futuro, identificándose con sus padres y, a través de ellos, con los adultos. El niño se ve niño, o sea, se ve, quizá por primera vez, como lo que es y aspira a dejar de serlo. Escribí ya hace tiempo:

"Para alcanzar la madurez, la infancia debe terminar inexorablemente, y sólo después de esta ruptura se puede encontrar el equilibrio. La niñez es sólo una de las etapas por las que se atraviesa para alcanzar la edad adulta. Posiblemente, se trata de la etapa más importante, toda vez que corresponde a los primeros años de la vida. Sin embargo, no es nada en sí misma. Para ser adulto hay que dejar de ser niño. En consecuencia, educar, en su aspecto más amplio, consistirá en conducir al término de la infancia en su momento preciso, que quizá sea lo más pronto posible, pero no es ésta nuestra forma de concebir la educación; por el contrario, hemos conseguido prolongar la infancia hasta el infinito".

Hay que aprovechar el momento para alejar al niño/a de los héroes de la televisión —al menos para evitar que se proyecte solamente en ellos—, para aproximarle a los adultos que le rodean como modelos de identificación. Una forma posible de hacerlo será a través de la lectura, dejando al colegio el proceso lector en su aspecto técnico y educativo —reconocimiento de las letras, asociación en sílabas, formación de palabras que se unirán en frases—, para responsabilizarse la familia de las cuestiones afectivas y psicológicas. Bruno Bettelheim nos lo indica en su libro *Aprender a leer*:

"Que el niño aprenda a leer, así como la prontitud, la facilidad y la perfección con que lo haga, dependerá en cierta medida de su propia capacidad y en grado considerable de su historial familiar. Esto último incluye el nivel de desarrollo que haya alcanzado su capacidad de comprender, utilizar y disfrutar el lenguaje; de que se le haya convencido de que la lectura es algo deseable, y de que se le haya inculcado también confianza en su inteligencia y en sus aptitudes académicas. Cuando el impacto del hogar haya sido negativo puede que las experiencias escolares del pequeño ejerzan, en condiciones óptimas, una influencia colectiva, aunque sólo con el paso del tiempo".

El aprendizaje lector se corresponde con un proceso afectivo que funciona a modo de rito iniciático, posiblemente el primero. Los niños/as quieren pasar a otra etapa de su vida, convirtiéndose en adultos, porque quieren a sus padres y desean ser como ellos. Aspiran a ser mayores porque se les ha despertado la necesidad de saber tanto como su padre y su madre ¿Qué dice la cubierta de esa revista? ¿Cómo leer la programación de televisión? ¿Y el titular del periódico? ¿Y el rótulo del reclamo publicitario? ¿Cómo se llama esa tienda? Cuando yo era pequeña, lo primero que aprendíamos a leer en la cartilla era la frase: "mi mamá me ama", o "mi mamá me mima", no estoy segura; pero supongo que, de pequeños, identificábamos mimo y amor. En definitiva, nuestra madre nos quería y nosotros correspondíamos enterándonos por la lectura, es decir, leyéndolo. ¿Y qué puede ser más convincente que el amor que nos tiene nuestra madre? Si estuviéramos plenamente seguros de este dato definitivo, no vacilaríamos en querernos a nosotros mismos ni nos ocuparíamos tanto del aplauso de los demás. La figura materna es un universo, y ser aceptados en él nos garantiza una identidad y, al mismo tiempo, un lugar en el mundo. Imagino que, más o menos conscientemente, yo pensé, como todos los niños/as, que después de constatar lo infinito tenía, quería aprender a leerlo. Para mí, leer fue como descubrir y aplicar una fórmula mágica que te hace invulnerable como a Astérix su pócima, invencible como las espinacas a Popeye, omnipotente como a los santos la oración. Inconscientemente, todavía debo creerlo, porque ante cualquier sensación de impotencia, ante una frustración, o cuando tengo necesidad de superarme, continúo recurriendo al libro, tanto da que sea para leerlo como para escribirlo.

Durante el aprendizaje de la lectura, el niño/a tiene que hacer un gran esfuerzo para crecer, y hay que reconocérselo. Para saber mucho, hay que empezar por la lectura. Sin embargo, en cuanto el niño comienza su aprendizaje se le considera ya lector y se le abandona a su suerte antes de que esté preparado para hacerse cargo de sí mismo. Claro, que llegará a ser un buen lector si se le ayuda un poco. Si lo hacemos, y no ponemos en duda su aprendizaje aun en el caso de que sea lento, lo llevará a cabo y, si le afianzamos, tampoco dudará de sus propias capacidades.

Cuando ya sabe leer, hay que felicitarle y alegrarse mucho, porque es un momento importante. Se trata, nada más y nada menos, que del inicio del proceso intelectual que se completará más tarde. Lamentablemente, nos equivocamos cuando damos por hecho que el niño o la niña saben ya leer porque repiten lo que pone en el libro de lectura. Es verdad que lee igualmente los rótulos de la publicidad y las portadas de las revistas. Cuando lee, mueve los labios y, de vez en cuando, entre los labios se escapa la voz y lee en voz alta, porque todavía es difícil leer para dentro, para uno mismo, y sin correr, porque se pierde uno en la maraña de palabras que tiene ante los ojos, y hay que pensar y seguir las líneas cuidadosamente para no saltar de una a otra. Palabras que no son nuevas, ahora lo parecen porque se han vuelto muy difíciles y, al convertirse en letras, producen la impresión de haber perdido su significado. Incluso el término *mamá* ha dejado de ser lo que es, para pasar a ser otra cosa que no se entiende bien. Ahora es una *m*, una *a*, otra *m* y otra *a* que, sumándolas como en una operación matemática, son una *ma* y otra *ma*, dos *ma* que equivalen a una *mamá*. Sí, pero ¿qué es *mamá?* ¿Qué significado tiene la primera palabra que uno dijo y la que más ha repetido desde entonces, si la inolvidable *mamá* ha pasado a ser dos *emes* y dos *aes?* Hasta ese momento el niño, que pensaba en imágenes, hablaba en voz alta. Muchos niños, casi todos, hablan cotidianamente como si se radiaran en directo. Se sientan a comer y dicen: "Ahora me siento en la mesa". "Me ponen un plato". "Tiene puré, ¡qué asco!". "Ahora bebo agua". "No quiero babero". Creo que forma parte de su proceso de conocimiento del mundo y del lugar que ocupan en él. Los niños distinguen en un momento determinado, que varía de unos a otros, que ellos no son el otro ni lo otro. Está bien, porque hasta entonces se creían el universo y ahora reconocen que sólo son parte de él. Y necesitan asimilarlo. Cuando leen tienen que formular las palabras en voz alta para reconocerlas, dando tiempo a que el significante, el sonido de la palabra formulada, se convierta en una imagen mental que la represente: el significado. Dicho así parece sencillo; sin embargo, ya no son solamente palabras aisladas, sino largas frases dadas, hechas por otro o por otros. El lector, en sus comienzos, se encuentra con grandes dificultades. "Vale, mamá –la mente representa a la propia madre– es mamá; mi mamá es la mía –la imagen permanece o se concreta más–, pero ¿qué significa todo junto: 'mi mamá me ama'?". Las palabras se han vuelto inalcanzables y uno debe sentirse impotente. No es extraño que desee dejar de leer. "Ante el televisor es todo tan fácil y en el libro tengo que esforzarme tanto", diría el niño si fuera capaz de racionalizar y expresar sus razonamientos que, al fin y al cabo, es de lo que se trata con lectura o sin ella, con televisión o sin ella. Sólo que sabemos que como se aprende a razonar, a pensar secuencial y coherentemente, y a expresarlo como es debido, es a través de la lectura. Para el niño, la palabra es mágica, y formular las cosas hace que éstas aparezcan o los hechos se produzcan. No son –no tienen por qué serlo– contradictorias la palabra y la imagen. Cuando me preguntan qué pienso de la frase "una imagen vale más que mil palabras", suelo contestar que se olvidan de que palabra e imagen son la misma cosa. Lo que hay que tener en cuenta es que la palabra requiere una transformación que el propio uso del lenguaje hace posible de forma inconsciente e inmediata, pero que en el libro se dificulta cuando todavía no hay hábito lector. Sin embargo, la imagen no necesita transformación porque se da a sí misma; no requiere el mismo esfuerzo. Sólo cuando las imágenes proliferan desmedidamente y se transmiten con excesiva fluidez, el cerebro no las decodifica, pasan por él y, aun no siendo capaz de capturarlas, el telespectador las sigue contemplando con embeleso, hasta que preso del sopor que le produce permanecer pasivo, se deja conducir al sueño sin oponer resistencia. Las imágenes dedicadas a los niños, si estuvieran pensadas con intención educativa, aunque los programas no lo fueran, remitirían a la palabra –y al libro–, como la palabra y el libro remiten a la imagen. Siendo así, se podría hablar de multimedia. Mientras que ahora la educación se mantiene en compartimentos estancos. En la escuela casi únicamente se enseña a través de la letra impresa. Es cierto que en algunas escuelas de Primaria se utiliza la imagen, y hay ya muchas niñas/os que han aprendido a leer con ellas. Fuera de la escuela lo único que funciona es la imagen: televisión, cine, juegos electrónicos, Internet, etcétera. De ser así, la palabra y la imagen no serían –insisto que no tienen por qué serlo– elementos opuestos, sino complementarios.

Pero volvamos al aprendizaje lector. Mejor aún, vayamos un poco más atrás. ¿Qué función cumplen los libros cuando los niños todavía no saben leer? Desde mi punto de vista, los libros-juguete no cumplen ninguna. Incluso me parecen contraproducentes, porque al libro no hay por qué verlo como juguete. Ahora bien, se puede poner algún libro infantil en manos de los pequeños para que se familiaricen con él. Existen en el mercado álbumes con bonitas ilustraciones y, también, con textos exquisitos de reconocidos autores y sin grandes dificultades para su lectura. Pero hay que tener cuidado para no darle al niño libros de mala calidad, de lenguaje pobre y temas que carecen de todo contenido. "Estos libros son un insulto a la inteligencia del niño", llega a decir Bruno Bettelheim en *Aprendiendo a leer,* donde también explica el porqué:

81

> "Un niño al que se le haga leer 'Nan tenía una almohadilla color canela. Dan corría. Dan corrió hasta la almohadilla…' y bobadas incluso peores no tiene la impresión de que se le está guiando hacia el dominio de la lectura, pues lo que se le obliga a leer obviamente no es literatura. No es que los niños no disfruten jugando con palabras; los encanta inventar vocablos, incluyendo palabras y rimas bobas, y los entusiasma su reciente capacidad de hacerlo. Pero para que tales juegos de palabras sean divertidos, hay que evitar convertirlos en una obligación, toda vez que, en ese caso, carecen de todo interés, como ocurre con la lectura".

• Lecturas en voz alta

Cuando mis hijos todavía eran pequeños, solíamos hacer con cierta frecuencia lecturas familiares. Consistían en reunirnos periódicamente para leer los libros que seleccionábamos de antemano. Los escogíamos con criterios de calidad pero procurando que fueran entretenidos. Buscábamos géneros diversos y textos que se acoplaran a cualquier edad. No obstante, cuando no era posible, se daba prioridad a los hijos mayores. Cada uno disponía de un tiempo, que no era exactamente el mismo para todos, puesto que los menores se cansaban antes. Cuando uno de los títulos escogidos los aburría, cambiábamos a otro. Leímos muchos libros y los títulos más diversos, pero ya no los recuerdo. Sólo dos, de aquellas sesiones, permanecen en mi memoria: *Martín Fierro,* de José Hernández, y *Hojas de hierba,* de Walt Whitman. Al terminar de leer, hablábamos durante un rato. Cambiábamos opiniones, me hacían preguntas y yo también a ellos.

Creo que la pregunta es un buen estímulo intelectual. Les preguntaba muchas cosas; especialmente, les pedía que me dijeran si el libro que leíamos les estaba gustando y que me explicaran la razón. Además de ¿por qué te ha gustado o por qué no?, también me interesaba saber qué pensaban de la historia, de los personajes… Y más cosas: ¿tú qué crees? ¿Por qué, por qué, por qué…? Pero nunca como un interrogatorio ni como un examen. Hay que hacerlo con delicadeza, como se pregunta a quien estimamos mucho y nos interesan sus respuestas.

Las lecturas familiares deben realizarse con cierta periodicidad y frecuencia, establecida de antemano. Resultarán mejor cuanto más organizadas estén las sesiones. Lo primero es escoger un libro seleccionado democráticamente. Puede hacerse por el consenso de la mayoría o dando prioridad cada día a uno de los participantes por riguroso orden. También se puede ir todos juntos a la librería para comprar un libro. ¿Desde qué edad se puede participar? Desde el momento que se sabe leer, aunque todavía no se haya alcanzado la perfección.

Pero como sólo habrá un libro, al menos cada día, se tratará de que interese a las edades superiores, aunque se vayan alternando libros para los mayores y libros para los pequeños, para que nadie se sienta excluido. Se hará lo mismo con los géneros: novela, cuento, poesía, teatro; pero siempre con calidad. Nos dice Bruno Bettelheim:

"Desde el principio mismo el niño debe estar convencido de que el dominio de tales habilidades (lectura y escritura) no es más que el medio de alcanzar una meta y que lo único que importa es aprender a leer y escribir, es decir, aprender a disfrutar de la literatura y a beneficiarse de lo que ésta pueda ofrecerle".

En los libros para los mayores, los pequeños pueden encontrar palabras que no entienden. De la misma forma, cuando leen, los pequeños se pueden equivocar y leer mal algunas palabras o frases enteras. En ambos casos, habrá que decidir si se detiene la lectura para aclarar las dudas o corregir las faltas, o si se continúa leyendo, se toma nota, y se agrupan las preguntas y las correcciones para el final. Personalmente, creo que es mejor detenerse y corregir o explicar, pero las sesiones resultarán más largas y tediosas.

Para motivar a la lectura se puede destinar una habitación o un rincón de la casa para leer. Allí se reunirán padres e hijos para dedicarse a la misma actividad. Participará quien lo desee. El que quiera hacer otra cosa, como jugar o ver la televisión, lo hará en otro lugar y sin molestar a los lectores. Naturalmente, no se trata de disponer de una habitación sólo para leer, sino de dedicar un espacio concreto a ese fin en determinadas horas y disponer de libros lo suficientemente amenos como para que los niños pidan que se les lean. Citaré ocho que reúnen las características necesarias, ocho libros muy entretenidos para la etapa infantil: *Los problemas del pequeño Nicolás,* de Sempé/Goscinny; *El pequeño vampiro,* de Angela Sommer-Bodenburg; *Querido hijo: estás despedido,* de Jordi Sierra i Fabra; *Los cuentos del cuervo de Arabel,* de Joan Aiken; *El árbol de los sueños,* de Fernando Alonso; *Las otras minas del rey Salomón,* de Paco Climent; *La Selva de los números,* de Ricardo Gómez y, para los más pequeños, un gran personaje: *Babar,* la serie de Jean de Brunhoff.

LOS PRIMEROS LIBROS DESPUÉS DE APRENDER A LEER

• Leyendo solo

Cuando los niños saben ya leer, los padres tendemos a abandonarlos ante el libro. Lo explica muy bien Daniel Pennac, profesor de instituto en Francia. Un día decide escribir un libro para que los adolescentes pierdan su animadversión a la lectura. Sabe que, para lograrlo, hay que empezar pronto, antes del aprendizaje, y dedica las páginas de su obra a dar consejos, utilizando la experiencia adquirida como profesor de literatura. La obra, titulada *Como una novela,* alcanzó un gran éxito, y es de desear que haya logrado sus objetivos. Entre otras muchas cosas, Pennac dice:

> "¿Creíamos que a un niño le bastaba con disfrutar de las palabras para dominar los libros? ¿Pensábamos que el aprendizaje de la lectura nos venía dado como el de la marcha vertical o el lenguaje..., otro privilegio de la especie, en suma? En cualquier caso, es el momento que elegimos para poner fin a nuestras lecturas nocturnas.
> "La escuela le enseñaba a leer, a él le apasionaba, era un viraje en su vida, una nueva economía, otra versión del primer paso, eso es lo que nos dijimos, muy confusamente, sin decírnoslo realmente, tan 'natural' nos parecía el acontecimiento, una etapa como otra en una evolución biológica sin tropiezos.
> "Ahora ya era 'mayor', podía leer solo, caminar solo por el territorio de los signos...
> "Y devolvernos finalmente nuestro cuarto de hora de libertad.
> "Su recién estrenado orgullo no hizo gran cosa para contradecirnos. Se metía en su cama, *Babar* abierto sobre sus rodillas, una arruga de tenaz concentración entre los ojos: leía.

"Tranquilizados por esta pantomima, abandonábamos su cuarto sin entender —o sin querer confesarnos— que lo que un niño comienza por aprender no es la acción, sino el gesto de la acción, y que, si bien puede ayudarle el aprendizaje, esta ostentación está encaminada fundamentalmente a tranquilizarle, complaciéndonos".

Cuando se lo pedimos, el niño nos lee, sin ayuda, una página de su libro de lectura o, todavía más impactante, le oímos leer en voz alta en un acto del colegio. A la comprobación del fin del aprendizaje, se une la satisfacción de saber que lee tan bien que se le selecciona para demostrar la alta calidad de enseñanza del centro escolar en cuestión. Desde nuestro asiento aplaudimos desaforadamente y cuando, más tarde, el niño se nos acerca con el libro bajo el brazo a darnos las buenas noches, le decimos satisfechos: "¡Ya sabes leer!" y, como es lógico, él no se atreverá a contradecirnos porque piensa que su estima descendería de golpe ante nuestros ojos si nos dijera: "Sí, sé leer, pero no entiendo casi nada de lo que leo". Como ya dije en el apartado titulado *Los primeros libros antes de aprender a leer. El aprendizaje de la lectura,* no basta con saber formar palabras y frases, hay que entender lo que dicen. Leer y no entender es lo que se conoce como analfabetismo funcional. Si no se corrige, se convierte en un lastre que irá creciendo y que impedirá el desarrollo intelectual, acarreando un fracaso tras otro en el terreno escolar. No es tan raro este género de analfabetismo, que puede pasar inadvertido. Evidentemente, es grave.

¿Cómo no entender, cuando se han tenido hijos, lo duro que resulta llegar a casa después de una larga jornada de trabajo, arrastrando todavía problemas y preocupaciones, además del cansancio, y que el niño o la niña que ya sabe leer nos pida que subamos a su habitación, nos sentemos sobre su cama y leamos en voz alta un libro que escasamente nos interesa y que, muy posiblemente, ya leemos por tercera vez?

"¿Cuándo me dejarán tranquilo?", nos decimos. "¿No es posible vivir en paz? ¿Dónde está mi libertad?". Y es al acariciar la tentadora palabra *libertad* cuando recurrimos a denunciar un hecho: "¿Acaso ella, o él, no sabe leer? ¡Pues que lea!". Y nos quedamos satisfechos porque nos parece que hemos cumplido con nuestra obligación poniendo las cosas en su sitio. Lo que pasa es que no entendemos, o no queremos entender, qué cosas son ni cuál es el sitio. Está claro que el niño entiende cuando le leemos nosotros, porque una cosa es leer uno mismo y otra escuchar la voz querida, a la que el pequeño está ya acostumbrado, y preguntar cuando se le presentan dudas. Ya nos lo ha explicado Pennac en un párrafo anterior, cuando nos ha hablado del lenguaje como de un privilegio de la especie. La lectura no es algo que nos venga dado naturalmente. Si se quiere que los niños sean lectores, hay que continuar leyendo con infinita paciencia. Y explicar que es fácil, que sólo hace falta acostumbrarse, como a nadar. Ellos van a hacerlo muy bien, y cuando puedan leer deprisa y entendiendo, leerán libros maravillosos y serán mayores. También algunos días se les puede decir que lean ellos en voz alta, mientras el padre o la madre les escuchan. El niño lo hará, complacido de que a su madre o a su padre le sigan interesando los progresos de su aprendizaje.

Los libros que van a leer, cuando ya saben leer, son problemáticos. Porque no debemos olvidar que es ahora, en esta etapa posterior al aprendizaje lector, cuando la televisión se impone directamente sobre la lectura. Hasta este momento, los padres habíamos sido tolerantes con los chiquillos y, al regresar del colegio, les permitíamos sentarse frente al televisor para ver los programas que les estaban destinados, tal vez con la excepción del tiempo dedicado a las tareas escolares. Ahora pretendemos que lean porque para algo saben leer. Pero el libro compite difícilmente con la pequeña pantalla. ¿Por qué? Son varias las razones. Ya hemos visto que leer requiere un esfuerzo para convertir los signos en imágenes

–ejercicio activo–, mientras que la imagen se percibe sin más –en consecuencia, ejercicio pasivo y fácil–. Por poner un ejemplo: un niño de seis u ocho años no podría leer y entender *Notre-Dame de París,* de Víctor Hugo, ni aunque se lo leyeran, mientras que la adaptación en dibujos animados sí la comprenderá. Tampoco es cuestión de que los libros tengan muchos, muchísimos dibujos, porque en el televisor hay más y además se mueven. Tampoco hay que perder de vista el tiempo que se dedica a permanecer frente a la pantalla, unas cuatro horas diarias –una manera de estar en el mundo–. El proceso de socialización lo realizan hoy los niños con la televisión, no con el libro. Los juegos, las conversaciones, giran en torno a la pequeña pantalla. Por último, los libros, en esta etapa infantil, tienen que tratar de temas muy sencillos, puesto que sólo pueden leer frases de construcción muy simple: sujeto, verbo y complemento. Sin embargo, es un momento fundamental, pues está en juego, en gran medida, la vocación lectora de aquellos que apenas saben leer. Y sólo es cuestión de un libro, del primer libro que el niño compre o que nosotros le pongamos en sus manos. Si es un acierto y el lector se prende de sus páginas, podemos quedarnos tranquilos, con la seguridad de que será difícil que no continúe leyendo. El hábito lector se genera en estos momentos –sin que esto signifique que no pueda surgir más tarde– y depende prácticamente de un determinado libro que despierte su interés, le divierta y excite su curiosidad. Mientras surge, se debe continuar leyendo, recurriendo a los libros que se escriben para niños y también a textos escritos para adultos que puedan leer los niños y que sean adecuados por el tema, su tratamiento, el lenguaje que se utiliza, las connotaciones culturales que plantean y su longitud. No es imposible encontrarlos. Es raro el autor que no tiene publicado un relato, un cuento quizá, que sea lo suficientemente sencillo y ameno como para podérselo leer a un chico/a de ocho o nueve años. Y si es apasionante, mejor, porque se le podrá decir:

"Hay cientos de libros maravillosos que están esperando que los leas".

• El cómic

Durante una etapa de mi vida trabaje haciendo programas de radio para niños de corta edad. Insisto: existe en la primera etapa de la vida la necesidad de la palabra para conocerla en toda su extensión. Durante los primeros años, el lenguaje incide directamente en la inteligencia. No se trata de que quien tiene mayor inteligencia hable más y mejor, sino que aquel que hable mejor desarrollará más su inteligencia, y hablará mejor el que más oiga hablar, o lo que es igual, al que más se le hable.

Me llamaba la atención cuando hacía radio el hecho de que recibiéramos cartas de niños donde decían: "He visto el programa", en vez de "He escuchado el programa", y es que en las imágenes que uno crea para sí mismo, en vez de ser creadas por otros, manda la palabra. No me cansaré de decir, aun a riesgo de resultar pesada, que hay que hablar, narrar y leer a los niños antes, durante y después del aprendizaje lector.

Nigel Barley nos cuenta en uno de sus libros que, estando haciendo un trabajo de campo con el fin de investigar las creencias y costumbres del pueblo dowayo, tribu poco conocida del Camerún, mostró a los nativos unas postales de leones, animales con el que estaban familiarizados y, sin embargo, ellos no los reconocieron. Declararon incluso algo semejante a: "No conocemos a estos hombres". Algo parecido sucedió con unos documentales que trataban del riesgo de la picadura de determinados mosquitos. Los indígenas comentaron posteriormente que no era extraño que fuesen peligrosos, dado su enorme tamaño. Ciertamente, en los primeros planos los mosquitos resultarían inmensos. Les proyectaron una película corta que narraba una pequeña y sencilla historia, pero no pudieron entenderla, salvo que se les fuera narrando al mismo tiempo. Está claro que no sabían leer imágenes, aunque hoy nos parezca imposible; pero, para leer imágenes, también hace falta un aprendizaje que nosotros hemos adquirido sin darnos cuenta.

La radio necesita una atención que a los niños, cuando todavía son pequeños, les cuesta mantener. Desde el receptor, una voz desconocida les habla, sin que el oyente sepa ni quién es ni dónde está, sin el apoyo de una imagen, sin necesidad de tener un objeto entre las manos –como el libro– que permita una leve acción, como es pasar de páginas. Lo que sí podría hacer la radio –lo hizo Radio Madrid hace ya años– sería contar cuentos breves en horarios adecuados, cuentos muy sonoros, recurriendo a todos los recursos de la narración oral. Sería una excelente labor, porque las guarderías poco pueden enseñar en cuanto al lenguaje se refiere, y los niños de clases sociales disminuidas económica y culturalmente tienen escaso contacto con un lenguaje amplio y rico.

A pesar de haber hablado hasta ahora de imagen y de radio, no me he olvidado del cómic, que es un medio de comunicación muy particular. Su formato es el del libro y la letra impresa su base. Las imágenes que narran acciones se asimilan remotamente al *story-board* cinematográfico, y los globos que acompañan a los personajes –el soporte de sus voces, que el lector debe leer para enterarse de lo que dicen– podrían ser asimilables a la radio, por tratarse de un ejercicio activo que requiere atención y transmite diálogos. El cómic me parece un medio positivo e interesante que permite la elipsis, el *flashback* y las acciones paralelas, y ni está sometido a la limitación del *racord,* sea de situación, de tiempo o de palabra, ni tiene importancia el salto de eje. Existen en el mercado todo tipo de cómics, desde *Tintín* a textos del marqués de Sade. Será positiva su lectura, con una condición: que se escojan con atención y sentido común, teniendo en cuenta la edad de los lectores para los cuales se adquieren.

Está bien la afición al cómic, que bien dirigida puede encaminar a otro tipo de libros con los cuales deberán compartir el tiempo dedicado a la lectura. Lo mismo se puede recomendar respecto a determinadas colecciones que a los niños les ha dado por leer, como las de terror. Otras, como la de *Los cinco*, de Enid Blyton, sin mucha calidad literaria, tuvieron la virtud de animar a la lectura y muchos adultos que en la actualidad leen se lo deben a ellos. Las colecciones de hoy, a las cuales acabo de referirme, tienen todavía menos calidad. No obstante, considero positivo permitirles que los lean si les gustan; ahora bien, no como lectura única, sino como un paso hacia otros libros más recomendables.

Hay cómics que remiten a obras literarias, como por ejemplo el publicado por Alfaguara basado en la novela *El capitán Alatriste*, de Arturo Pérez-Reverte.

Del cómic se puede decir lo que Felipe Benito Reyes expresa en *Libros errantes*:

> "Cada vez que abrimos un libro entramos en territorio inusitado, con sus fascinaciones exclusivas y con sus peligros latentes, y jamás sabemos con certeza si regresaremos de allí con la conciencia intacta o alterada, con la imaginación decepcionada o satisfecha, con los ojos brillantes de gozo o bien abiertos de espanto".

• **Poesía y teatro**

Dice V.S. Naipaul, refiriéndose a su padre, en su libro *Leer y escribir*:

> "Mi padre era autodidacta, y se hizo periodista por sus propios medios. Leía a su manera. Por entonces tenía treinta y pocos años, y aún estaba aprendiendo. Leía muchos libros a la vez, sin terminar ninguno, y no le interesaban ni el relato ni la trama, sino las cualidades

especiales o el carácter del escritor. Eso era lo que le gustaba y sólo disfrutaba de los escritores en pequeños arranques. A veces me llamaba para que le oyera leer tres o cuatro páginas, raramente más, de un escritor que le agradaba especialmente. Leía y explicaba con ardor, y no me costaba trabajo que me gustara lo que le gustaba a él".

En realidad, al padre de Naipaul lo que le gustaba era el teatro. A muchos escritores les ha fascinado leer al público sus propios libros y los poetas lo hacen habitualmente, sintiéndose actores de obras clásicas, en verso. El concepto de teatro moderno es diferente y ha cambiado mucho en nuestra cultura, aunque convive con el teatro tradicional. Ambas maneras de hacer y representar están plenamente vigentes y llenas de vida. Curiosamente, en otras culturas que mantienen sus tradiciones, éstas también continúan vigentes y vivas. El teatro es un medio de expresión idóneo para los niños, dentro del cual ellos pueden jugar diferentes papeles según sus condiciones y gustos. Únicamente habrá que tener en cuenta que las obras se adapten a las necesidades y las limitaciones de los pequeños espectadores. Es decir, que sean adecuadas.

Los griegos consideraban que la inteligencia y el pensamiento estaban totalmente subordinados a la memoria. Para mantenerla y enriquecerla se servían de los coros. En la *Ilíada*, Homero utiliza catálogos de barcos, de armas... Tanto los objetos enumerados en las listas como la reiteración del coro, reforzaban los contenidos de las obras, sus historias y sus mensajes. Como las máscaras en las culturas orientales y como la música, que juega con el ritmo y vehiculiza mitos y poemas. El verso pone de manifiesto lo bella que puede ser la palabra y que, cuando es adecuado a la mentalidad y los conocimientos de los niños, les es posible repetir y memorizar.

91

¿Pueden leer los niños poesía y teatro? No siendo los géneros más fáciles de leer en soledad, son idóneos para leerlos en grupo, en voz alta. La lectura teatral se puede hacer entre varios y el resultado grabarse para oírlo en cualquier momento. Se puede acompañar con máscaras de papel para dar al texto un cierto carácter y leer actuando o no. También es posible, para acompañar a la lectura, hacer listas de personajes, lugares y objetos que se adecuen a los contenidos de la supuesta representación e inventar coros que refuercen el sentido del texto. Se creará de esta forma un género curioso e interesante que requiere una cierta preparación, lo suficientemente sencilla para estar hecha por los propios niños.

Asimismo, es posible que de las lecturas familiares se pueda pasar a representaciones, en las cuales sean los mismos niños quienes escriban la obra, la representen, hagan los decorados, la dirección. A esto me refería al decir que en el teatro los niños pueden jugar variados y diferentes papeles.

De gran ayuda pueden servir los siguientes textos: *Tía Tili hace teatro,* de Peter Härtling, un buen autor, así como *Las aventuras de Viela Calamares* y *Viela, Enriqueto y su secreto,* fáciles de representar siguiendo los diálogos e indicaciones de sus autoras, Ana Rossetti, Paloma Pedrero y Margarita Sánchez

No quiero olvidar lo más importante: llevar a los niños al teatro. Vuelvo a citar a Naipaul para conocer su primera experiencia en el mundo del espectáculo:

"Uno de los grandes acontecimientos públicos a los que primero me llevaron fue el *Ramlila,* el espectáculo basado en el *Ramayana,* la epopeya sobre el destierro y posterior triunfo de Rama, el dios-héroe hindú. Tuvo lugar al aire libre, en un claro abierto en medio de la plantación de caña de azúcar, a las afueras de nuestra pequeña aldea. Los intérpretes masculinos iban desnudos de cintura para arriba, algunos con arcos alargados, andaban con lentitud, de forma estilizada, de puntillas, elevando los pies con pasos trémulos, cuando salían del escenario (he de fiarme de recuerdos muy antiguos) bajaban por una rampa excavada en la tierra. El espectáculo acababa con la quema de la gran efigie negra del rey de los demonios de Lanka".

El tema de la poesía ha aparecido ya en el capítulo III, *¿Qué es un cuento y para qué sirve?* Jugar con la palabra siempre es un buen ejercicio. Aficionarse a la poesía, un bien que agradecerán toda la vida. Con la palabra, la poesía, el teatro... no sólo se mantiene la memoria, se recupera la de nuestros ancestros. Naipaul relata:

> "Todo lo de aquel *Ramlila* lo había traído la gente de la India, en sus recuerdos. (...) Cuantos me rodeaban conocían al menos los rasgos generales de la historia, y algunas personas hasta se sabían los versos. A mí no tuvieron que enseñármela; la historia del injusto destierro de Rama al peligroso bosque me parecía algo que conocía desde siempre".

• Hablando de libros

Me he referido antes a la utilización del libro como posible materia de conversación y de su utilidad para hacer preguntas a los niños: "¿Por qué, por qué, por qué?". Ha sido en el apartado dedicado a las lecturas familiares en voz alta. Vuelvo al tema porque me parece importante hablar de los contenidos de los libros, buscando la ocasión oportuna, que bien puede ser después de la lectura o mientras se recorre el camino hasta la librería cuando se les acompaña. Más tarde, cuando leen y compran solos, habrá que buscar otros ratos, porque el libro es un perfecto soporte de temas de conversación, una forma de diálogo sencillo y afectuoso, y no es como co-

93

mentario de texto la mejor forma de abordarlo: "¿De qué trata la historia? Cuéntamela". Será bueno pedirles esta información para que aprendan a explicarse y a narrar. "¿A ti te interesa ese tema? ¿Por qué sí, por qué no...? ¿Y los personajes, cómo son? ¿Cuál de ellos te gustaría ser y por qué?". Nuestra obligación para con nuestros hijos en el terreno intelectual es enseñarles a pensar. No me refiero a pensar de ésta o de la otra manera, sino a pensar, así de sencillo y de difícil a la vez. Para eso sirven fundamentalmente la palabra, la lectura, la literatura... También podemos repetir la frase, pero a la inversa: cuando se piensa, se habla y también se lee. Para ambos fines pueden ser de utilidad títulos como los siguientes:

- *El secuestro de la bibliotecaria*, de Margaret Mahy.
- *El libro de los secretos*, de Patxi Zubizarreta.
- *El lugar más bonito del mundo*, de Ann Cameron.
- Libros ligeros para aficionar, como la serie de *Ámbar*, de Paula Danziger, o colecciones fantásticas o de ciencia-ficción como la de *Peggy Sue*.
- Y para los más mayores: *Historia de un libro*, de Fernando Martínez Gil, y *Los narradores cautivos*, de José María Merino, Antonio Martínez Menchén y Jesús Fernández Martínez.

ANÁLISIS Y RECETAS

• Leer en voz alta es un medio necesario y útil para que los niños superen el analfabetismo funcional. No se les puede dejar solos frente al libro cuando todavía no entienden lo que leen. Puede convertirse, también, en una interesante actividad familiar.

• En casa, los libros son imprescindibles para que el niño se interese por el proceso lector.

• Hay que acompañar a los niños en su aprendizaje de la lectura.

• Hay un primer libro que el niño lee solo y que es definitivo para que sea un buen lector. Se debe escoger cuidadosamente y procurar que sea apasionante, ameno e interesante y que excite la curiosidad.

• La biblioteca infantil deben ir haciéndola los propios niños que, cuando ya leen, pueden ir a la librería a escoger los libros por sí mismos –mientras tanto, dispondrán de algunos estantes bajos en la biblioteca familiar–. En ellos se pondrán los libros que sirven para inspirar los cuentos que se les narran o los que se les leen.

• La biblioteca infantil debe estar ordenada. Cuando sus dueños son pequeños, y apenas saben leer, se puede organizar el orden agrupando los títulos por colores. Es un sistema fácilmente asimilable por los niños, y los colores suelen coincidir con las colecciones y éstas, a su vez, con las editoriales. Cuando ya saben leer bien y se han acostumbrado a la biblioteca y a su orden, se puede cambiar éste y buscar otra fórmula. Por ejemplo, hacer dos grupos: uno con títulos clásicos –*La isla del tesoro, Alicia, Robinson...*– y otro de autores contemporáneos. Convendrá explicar a los niños el criterio y participar en el orden, para enseñarles a reconocerlos. También se puede hacer la división entre los que han leído y los que no, o entre los que les gustan y los que no. Utilizar el alfabeto para clasificar por autores o títulos es excesivamente complicado. El sistema que prefiero es el de reunir los títulos por colecciones –coincida o no el color– o por temas: animales, hadas, aventura, etcétera.

• Conviene llevar alguna vez a los niños a bibliotecas públicas y a librerías que dispongan de una buena sección de libros infantiles.

7. La escuela y la lectura

En el colegio recomiendan –para ser exactos, obligan– a leer determinados libros a lo largo del año –de tres a seis, dependiendo del curso–, divididos, más o menos, de esta manera: en Primaria, literatura infantil; en Secundaria, literatura juvenil, y en Bachillerato, literatura. Pero ¿de qué libros estamos hablando? Voy a concretar, pero me limitaré a los que tienen que leer a los 15 o 16 años porque, como dije en el apartado *Ver leer,* desde mi punto de vista, cuando los niños no se han hecho lectores después del aprendizaje el momento más propicio es el de la pubertad. Es fácil entenderlo, porque a los ocho o 10 años les basta con vivir plenamente la infancia; es el momento del juego, de los amigos y, también, de las pequeñas maldades: novillos, desobediencias, etcétera. Tienen bastante con hacerse mayores, conocer al otro, a lo otro y a sí mismos, para afianzarse y vivir el proceso de socialización. Si les gusta leer, el libro ocupará un lugar importante y les facilitará el proceso. De no ser así, tampoco lo echarán de menos. El juego es de vital importancia en esta etapa.

Pero no se puede dejar pasar el momento de la adolescencia, porque después será demasiado tarde. Es entonces cuando se plantean los grandes temas de la vida y los problemas existenciales incitan a la soledad y a la búsqueda. ¿Qué mejor guía que el libro, si se les pone en su camino y se realiza el encuentro? ¿Cómo van a abandonarlo cuando sean adultos? Pero para que ese gran momento fragüe, los libros tienen que ofrecer respuestas y dejar a los jóvenes lectores prendidos en ellas, deseando que se prolongue el tiempo de lectura para no tener que cerrar el libro, y volver a tomarlo y lamentar que se termine.

No valen las medias tintas. Puede ser que más tarde, cuando leer sea una necesidad y también un hábito, y ya no se pueda pasar sin la lectura –aunque, naturalmente, unos libros gusten más que otros–, se acepten los que ni nos entusiasman ni nos desagradan, a pesar de que, como las aves de paso, sólo cubran el tiempo que va de un buen libro a otro mejor. Los libros anodinos, cuando ya se es lector, propician la búsqueda. Ahora bien, el instituto no puede conformarse –y los padres tampoco– con que el adolescente se encoja de hombros, se le cierren los ojos y diga para sí: "¡Qué aburrido es leer!".

Voy a tomar, a título de ejemplo, los textos recomendados para 16 y 17 años en un instituto público de Madrid: *Relatos,* de Leopoldo Alas Clarín; *El alcalde de Zalamea,* de Calderón de la Barca; *El romancero español; Ética para Amador,* de Fernando Savater; *Cinco horas con Mario,* de Miguel Delibes; *Crónica de una muerte anunciada,* de García Márquez; *La casa de Bernarda Alba,* de Federico García Lorca, y *Campos de Castilla,* de Antonio Machado. Todos ellos tienen que volver al colegio acompañados de un comentario de texto que influye en la lectura, puesto que no se lee por el placer de leer, sino para llenar la ficha en la cual se les pide: título y características, resumen, esquema, estructura, personajes, técnicas empleadas, tiempos y comentario personal. ¿Cómo no va a influir en la lectura?

Con este sistema de enseñanza de la literatura es imposible que los adolescentes de hoy, adultos de mañana, pisen jamás una librería o una biblioteca pública. Sin duda, las obras recomendadas son representativas del XIX y del XX, con excepción de *Ética para Amador,* que es una obra menor. Los alumnos del instituto en cuestión se aprenderán de memoria los nombres de los autores, la fecha de su nacimiento y de su muerte y algunas de sus otras obras, además de la que se han visto obligados a leer. "Tienen que saber literatura", me decía hace poco la madre de uno de estos jóvenes. No quise discutir, pero pensé: "¿Y qué es literatura?". Una rara inspiración trajo a mi memoria el verso de Bécquer: "Poesía eres tú". Comprendí que no era tan extraña la asociación, que literatura somos los lectores cuando la obra escrita –ensayo, novela, cuento, poesía, teatro...– nos imprime carácter, cuando nos permite asociar un libro con otro, un libro con la vida, un libro con nosotros mismos. No me interesa otra clase de literatura, no quiero la que sirve sólo para presumir en la tertulia del café. No me importa que los adolescentes sepan quién era Calderón si no lo han leído porque tenían 16 años cuando se lo mandaron leer, y lo empezaron y se les cayó de las manos. No fueron capaces... Tal vez sí, dóciles y disciplinados leyeron la obra a la fuerza e hilvanaron un comentario de texto, un examen, como lo llaman ellos.

Los adolescentes no leen casi nunca los libros que les mandan leer y son pocos los que dedican tiempo al "examen". He hecho con mis hijos muchos comentarios sobre libros. Y todos hemos aprendido –no sólo ellos, también yo–, pero no porque sea sensato hacerlos, sino porque hablábamos, consultábamos enciclopedias, el diccionario de escritores y, de paso, bromeábamos, comentábamos cosas y lo pasábamos bien. ¿Por qué no hacen lo mismo en el colegio? Aunque debo confesar que, al final, quien hacía el comentario era yo.

¿Y qué tienen de malo los libros recomendados? Hace un momento, yo misma he dicho que son representativos de dos siglos de literatura española. ¿Por qué española? Me es fácil comprender que estudien literatura, pero ¿por qué solamente española? ¿Qué razón hay para leer a Calderón a los 16 años, sin haber ido nunca al teatro? Posiblemente en el colegio hayan intentado llevarlos, pero sin éxito: bien porque los alumnos no hayan querido o porque, si ya han ido una vez, se nieguen a volver. Se debe empezar antes para crear hábito. Cuando son pequeños, deben ser los padres quienes los lleven a ver alguna obra para niños y/o hacer representaciones en casa para que vayan entendiendo la mecánica teatral.

En primero de Bachillerato, los libros los decide el instituto, pero en segundo parece ser que los prescribe el Ministerio. No se trata de que los seleccionados me parezcan mal. En realidad, no me parecen ni mal ni bien –me dejan fría–, porque no acabo de entender qué es lo que se pretende alcanzar con ellos. Si las acciones de los seres humanos deben tener una finalidad o un objetivo, la recomendación de los mencionados libros es el fruto de una acción irreflexiva, por no decir irracional. Insisto: ¿qué se pretende, que entiendan de literatura? ¿Cómo se puede entender lo que no se conoce? ¿Y cómo la van a conocer si escasamente leen, si ni siquiera leerán los libros recomendados –mejor dicho, impuestos– y, si los leen, quizá sea peor, porque puede que no vuelvan a leer un libro? Creo que la clase de lengua y literatura debería servir para despertar el amor a la palabra y la pasión por el libro. Me la imagino como una campana –así es en *El club de los poetas muertos*–. Uno está indiferente, tal vez algo aburrido y, de repente –muchas cosas buenas pasan de repente, cuando menos se piensa–, alguien toca una campana en el aula. Campana cuyo tañido nos hace sentir un deseo vehemente de ir a la biblioteca y un afán arrebatador por buscar ese libro del que, de forma repentina, tanto esperamos. Nos dirigimos a la clase. La pizarra todavía está escrita. Pueden leerse nombres que no conocemos, pero nos fiamos de ellos, y títulos que nos sumen en la ansiedad, como cuando teniendo hambre nos llega el aroma de un manjar. Digo ahora con Milan Kundera:

"La única razón de la novela es decir aquello que sólo la novela puede decir".

Y quién sabe si la única razón del lector es conocer aquello que sólo el lector puede conocer.

Kundera es todavía más radical cuando afirma, en *El arte de la novela:*

"La novela que no descubre una parte, hasta entonces desconocida de la existencia, es inmoral; el conocimiento es la única moral de la novela".

Como ya he señalado, dice Hannah Arendt que "conocer es construir el mundo." Casi siempre la cito, porque esta breve frase me ha hecho entender muchas cosas y, con ellas, he construido mundos –o lo he creído así y he sido feliz–, y construirlos me ha enseñado a responsabilizarme de lo construido. Como Peter Handke, cuando dice, en *Fantasías de la repetición.* "Soy responsable del mundo, mientras esté en él". Bendita Hannah Arendt, benditos Kundera y Handke que tantos ratos de placer me han proporcionado. No sólo mientras los he leído a ellos; también cuando he leído a aquellos que ellos me han enseñado a leer. Porque los libros –como el conocimiento– son como las cerezas: te tienta una, quieres probarla, tiras de ella y salen muchas más. Los pensamientos se hilvanan unos con otros y las lecturas de hoy formarán parte de los pensamientos de mañana.

Me temo que todo esto de la campana se interprete como una alegoría, más o menos afortunada. No lo es. Para mucha gente, las cosas han funcionado como acabo de narrarlas. La campana ha sido un profesor; bendito sea él o ella que, con su pasión por la lectura, ha golpeado el corazón del alumno o la alumna y les ha descubierto algo fantástico que no tiene por qué ser una quimera. El profesor que sabe lo que hace, que es aficionar a la lectura a sus alumnos, escribirá los nombres de los autores y los títulos que conducirán directamente al libro, puesto que el profesor, como también expone Kundera:

"El novelista no es un historiador ni un profeta, es un conocedor de la existencia".

Me hubiera gustado escribir el pequeño texto que voy a transcribir. Es de Daniel Pennac, y desearía que todos los adolescentes recordaran a sus profesores/as de esta manera:

"Aquel profesor no inculcaba un saber, ofrecía lo que sabía. No era tanto un profesor como un trovador, uno de esos juglares de palabras que frecuentaban las posadas del camino de Compostela y recitaban los cantares de gesta a los peregrinos iletrados.

"Como todo necesita un comienzo, congregaba todos los años su pequeño rebaño en torno a los orígenes orales de la novela. Su voz, al igual que la de los trovadores, se dirigía a un público 'que no sabía leer'. Abría los ojos, encendía lámparas. Encaminaba a su mundo por la ruta de los libros, peregrinación sin final ni certidumbre, marcha del hombre hacia el hombre.

"¡Lo más importante era que nos leyera todo en voz alta! La confianza que ponía en nuestro deseo de aprender... El hombre que lee en voz alta nos eleva a la altura del libro. ¡'Da' realmente de leer!".

Si yo pudiera definir el colegio ideal, diría que es el lugar donde se prepara todo y no se aprende nada. Me refiero a conocimientos concretos, claro está. Los conocimientos concretos se pueden encontrar hoy en las calculadoras, las enciclopedias, los diccionarios, Internet... Solamente debería dárseles un valor disciplinario, memorístico y utilitario. Lo que contaría –mucho, definitivamente, en mi maravilloso colegio– sería la vocación de saber. Sólo habría en él profesoras/es que estuvieran realmente enamorados de lo que enseñan y transmitieran sus conocimientos con el misterio y la sabiduría de los grandes magos y los astrólogos a sus discípulos en la antigüedad. Sólo se puede transmitir lo que se ama y, ya lo he dicho pero vuelvo a decirlo, el amor se contagia. Si yo tuviera esos profesores, los cuidaría para que pudieran ser felices y enseñar como si jugaran o apostaran.

Debo hacer un paréntesis figurado para aclarar que al decir "jugar", me refiero al ejercicio o la acción que sirve como relajamiento y diversión y también como apuesta, porque enseñar a leer, hacer un lector, es como acertar un pleno en la ruleta del saber. Ese primer libro del que ya he hablado lo han puesto miles de veces los profesores o las profesoras en las manos de miles de adolescentes.

Si por un lado la administración y por otro la familia los criticaran menos y los cuidaran más, podrían enseñar como en un juego. No he dicho lo mismo de aprender. No se beneficia a aquellos que comienzan sus estudios engañándolos con el viejo truco de que aprender es fácil, no cuesta trabajo y divierte. No se les debe hablar de esa manera porque no se les debe mentir. Para aprender hay que poner esfuerzo y sacrificio y estudiar. Conocer, saber, es de lo mejor de la vida, pero todo aprendizaje es arduo y difícil. Conviene que quienes lo inician sepan mirar hacia delante y salten por encima de lo incómodo, lo difícil y lo aburrido pensando –enseñándoles a pensarlo– en lo que vendrá después, y no me refiero, al menos no únicamente, a aspectos prácticos, como la situación económica y profesional, que tampoco hay por qué olvidar, sino a placeres del intelecto y de la psique, del alma, en definitiva.

El colegio ideal despertaría el interés intelectual, la curiosidad científica, la voluntad de saber, la capacidad de pensar, la creatividad para salir al paso de situaciones nuevas, la sensibilidad para la belleza y el arte, y la construcción de mundos propios a través del conocimiento. También la crítica reflexiva. Les enseñaría las tablas de multiplicar como medicina útil para la memoria y los animaría a memorizar mucha, muchísima poesía; también teatro. Mi colegio tendría clases de imagen, para que se enamoraran igualmente de ese libro magnífico que es el cine y supieran ver televisión de una forma reflexiva y crítica. Sacaría lo mejor de cada uno de sus alumnos estimulando la autoestima. Como mi hija Isabel a su hija Nagua, les diría a diario que son fuertes, buenos, valientes, guapos y muy inteligentes. Lo son. Si fuera hada y pudiera, como en los cuentos, concederles un don, los tocaría con mi varita mágica y les diría: "Para que ames todo lo que hagas". Por último, para no cansar, mi colegio perfecto les daría un sólido sentimiento de igualdad y una firme inclinación por la solidaridad y la convivencia. Por lo que yo creo que es democracia.

Dejando de soñar y volviendo a la clase de lengua y literatura, lo mejor sería que se leyeran libros muy, pero que muy bien escogidos, en voz alta. Al principio los decidiría el profesor, pero pronto, muy pronto, se limitaría a sugerir varios títulos, dando algunos datos sobre la temática de cada uno de ellos, para que fueran los propios lectores, la clase entera, la que decidiera los que se iban a leer. Al terminar, nada de comentarios escritos o exámenes orales. Hablar sobre lo que se ha leído, exponer criterios y opiniones, crear situaciones paralelas con la vida. Dialogar. Hablar.

Si en ese colegio ideal que he planteado se recomendara literatura española, como en el instituto al que me he referido, haría algunos cambios. En lugar de *La casa de Bernarda Alba, El romancero,* de Lorca. El motivo es sencillo ¿Qué tiene que ver la España cerrada de principios de siglo con la de hoy? ¿Cómo pueden saberlo los chiquillos? ¿Qué concepto de la familia, de la mujer y del sexo se les transmite? Teatro importante, válido para nosotros, los adultos, pero: ¿adecuado para chicos y chicas de nuestros días? Tampoco Calderón, mejor Lope de Vega. Por ejemplo, *El caballero de Olmedo,* amor, crimen y... música convertida en verso:

> "Que de noche mataron al caballero,
> La gala de Medina,
> La flor de Olmedo".

En cuanto a autores actuales, en vez de *Crónica de una muerte anunciada,* recomendaría *Relato de un náufrago.* En la *Crónica,* para mí una magnífica novela, la de más sólida estructura de García Márquez, los hechos se desvelan en la primera página y hasta el final del libro se van ampliando o analizando. Opino que los adolescentes prefieren la historia que los mantiene atentos, en suspenso, como la del náufrago. Ni siquiera es necesario decir que no hay una sola chica o chico de 16 años que pueda sentir el menor interés por cuanto la protagonista de *Cinco horas con Mario* le reprocha al cadáver de su marido durante ese periodo de tiempo. Hubiera sido preferible recomendar –obligar– la lectura de *El camino,* que trata de la vida de un adolescente.

No quiero terminar el tema de la lectura en la escuela dejando en el tintero la biblioteca escolar, que debe ser abundante y variada, adecuada para cada edad sin gazmoñería, bien ordenada pero fácil de manejar, y no olvidar, por favor, no olvidar, que a los niños/as hay que ayudarlos animándolos a utilizar la biblioteca, tanto en el colegio como en casa, para que se lleven libros, los lean y los compartan.

PERCEPCIONES

Cada momento histórico pone de manifiesto profundos cambios sociales. El siglo XX trajo consigo el desarrollo técnico en todo su esplendor; afectó fundamentalmente al transporte y a los medios de comunicación. Las grandes transformaciones suelen tener que ver con el espacio y el tiempo y, a partir de ahí, el hombre percibe su realidad, el mundo que habita y sus semejantes de una forma diferente a como la percibían sus antecesores. Me ha sorprendido ver películas, generalmente juveniles –por ejemplo, *Regreso al futuro,* de Spielberg–, en las cuales sus protagonistas entran en el pasado a través del túnel del tiempo y, aun siendo tan diferente del actual el mundo en el que se encuentran mientras dura el viaje, su extrañeza es mínima, sacando como única consecuencia la maniquea división entre buenos y malos, a la que nos tiene acostumbrados la imagen, sólo que vestidos de diferente manera y con otras marcas de coche. En la mencionada película, el protagonista se traslada a los años cincuenta desde los ochenta del siglo XX. Cuando los personajes en cuestión consiguen volver a la realidad, todo lo vivido pasa fácilmente a ser anécdota para contar a la novia o a los amigos. No han percibido nada de lo sucedido, y el protagonista de la acción vuelve a ser él mismo, sin traumas ni consecuencias psicológicas. Se trata de películas, pero son representativas de lo que ocurre en la realidad. El simplismo que suele acompañar a algunos géneros cinematográficos o televisivos daña a su vez nuestra percepción –recibir por mediación de los sentidos las impresiones exteriores–. Dicho de otra manera: conocer o comprender una cosa, y no digamos la percepción de niños y jóvenes. Escribí en otro lugar:

> "Durante siglos la comunicación dependió exclusivamente de la palabra hablada, así como la transmisión de conocimientos y doctrinas, siendo la memoria la única forma de conservarlos. El canto, el verso, las repeticiones, el lenguaje ingenioso, los proverbios, las historias y, en definitiva, todo aquello que mantiene la atención de los oyentes y facilita la memorización se utilizaba profusamente. La escritura no sustituyó a

la oralidad de inmediato; ambas se simultanearon, conviviendo e influyendo durante siglos, aunque con independencia, y poco a poco se fue imponiendo la escritura, alterando de manera definitiva la conciencia del hombre. Se pregunta Havelock si en otras épocas pensaban los seres humanos de manera diferente a como lo hacemos en la actualidad y si discurrimos ahora de distinta manera de como pensaremos en el futuro. Imagino que aquellos que se sumergían en el mundo auditivo, confiando en la voz como sistema único para saber, conocer, transmitir y convencer, no podían pensar de la misma manera que quienes dependemos de la oralidad secundaria –teléfono, radio, etcétera– o damos prioridad a la vista –la imagen– sobre los demás sentidos. Nos encontramos con el más reciente descubrimiento: la imagen en movimiento. De la misma manera que el largo camino recorrido ha traído consigo una evolución de la conciencia, el momento que vivimos, con sus ventajas e inconvenientes, se presenta lleno de interés. Nos encontramos a medio camino entre lo impreso y lo visual, como en otros siglos se estuvo entre la oralidad y la escritura, o el manuscrito y la letra impresa. El nuevo milenio trae consigo nuevos planteamientos que modificarán la manera de vivir y pensar, imponiendo posibilidades insospechadas para bien o... ¿quién puede predecirlo?".

Distintas maneras de percibir la realidad conllevan diferentes comportamientos y reacciones ante los hechos que se van sucediendo y quienes los protagonizan. Que estamos a caballo entre la lectura y la televisión es un hecho evidente. Sin embargo, se consume más televisión que libros. Éstos ocupan un lugar secundario en la vida de la mayoría. Oímos constantemente frases como ésta: "Me llevaré libros para leer en vacaciones". El libro como recurso, distracción, descanso, cualquier cosa menos el libro como percepción. Pero la percepción que realiza espontáneamente uno mismo se adapta a la violencia simbólica del mundo. La percepción se motiva, yo diría que se domina y se seduce, desde el exterior. A *Moogli* o a Tarzán nadie les impuso su percepción del mundo en el cual se encontraban: la selva virgen. Tuvieron que percibirla con sus sentidos y reflexionar solos sobre lo percibido, sacando sus propias conclusiones. Sin embargo, Robinson llevó consigo a la isla desierta su bagaje social de la Inglaterra victoriana. También el protagonista de la película *Náufrago*. El pasado influyó en la percepción del lugar al cual los había arrojado el destino. Como contrapunto, también el cine nos presenta otro modelo: *El show de Truman.* La televisión actúa como motor, caldo de cultivo y medio, en el que se gesta la percepción de Truman. ¿Y la de nuestros niños?

En *El País Semanal* del 10 de marzo de 2002, se publicó un reportaje titulado *Profesores: ¿qué piensan de los alumnos?* Docentes de distintos lugares de España aportaban su versión sobre la situación actual del alumnado. El director de un instituto de Barcelona se manifestaba de la siguiente manera:

> "Tengo chavales de 13 años. Y me tengo que adaptar a distintos niveles. Trato de forzar mucho el autoaprendizaje y la formación de grupos, de grupos heterogéneos, para que entre ellos se expliquen las cosas en un lenguaje más próximo y comprensible. Se trata de buscar nuevas situaciones de creatividad. Consumen mucha televisión y cuesta hacerles descubrir la pasión por la lectura. Sus padres no compran diarios. O diarios deportivos. En casa puede que tengan alguna enciclopedia. No tienen modelos de lectura. Debes crearles otro referente que no les va a venir por la lectura, pero

sí por lo que más dominan, que son las nuevas tecnologías. Que les va a exigir buscar, seleccionar, investigar cosas, y eso los obliga a leer para descubrir información. Tenemos que dotarles de conocimientos técnicos y saberes prácticos para resolver en la vida problemas de forma crítica y autónoma. Y difícilmente estos conocimientos pueden estar compartimentados. Es una formación global. Interesa que entiendan sucesos y situaciones...".

Volviendo a la percepción, me inquieta cómo conocerán el mundo los adultos del futuro si se han educado ante un ordenador. A la vez me digo que los cambios son inevitables, pero hay que prepararse para utilizarlos a nuestro favor. Poco pueden hacer los padres ante este dilema. Poco y mucho al mismo tiempo, porque la responsabilidad es de ellos. Me constan las dificultades que tienen el padre y la madre, cargados de deberes y compromisos, con la necesidad de trabajar ambos, los horarios extremos y los problemas que traen consigo, tanto laborales como familiares. Los ámbitos de responsabilidad de la casa y la escuela están bien delimitados y, fuera de la conveniencia de conocer los problemas que el niño/a y la/el adolescente tienen en el colegio y cambiar impresiones con el tutor/a que le corresponda, los padres deben abstenerse de intervenir, salvo en asuntos de extrema gravedad. Sin desautorizar o criticar a los profesores públicamente, y menos delante de los hijos. Lo mismo se debe decir del centro escolar con respecto a la familia. Naturalmente, el profesorado debe saber determinados datos del funcionamiento y situación de la misma, del comportamiento del alumno o de la alumna, para prestar su colaboración y ayuda cuando sea posible. Nunca para intervenir, coaccionar, culpabilizar, imponer o enjuiciar. Sí aconsejar –en privado– cuando sea necesario. La comunicación y colaboración cordial y comprensiva entre padres y profesores es esencial para la buena marcha de la formación de los alumnos, no la intervención, bajo ningún concepto.

LECTURAS RECREATIVAS Y LECTURAS OBLIGATORIAS

Al titular este apartado debería haber prescindido del plural. Es decir: *Lectura recreativa y lectura obligatoria,* pero ¿cómo separar la lectura de los libros que la nutren? Continúo escribiendo sobre el colegio, también inseparable del hogar, incluso en el aspecto intelectual. Los niños llevan a casa tareas que realizar y, entre ellas, libros que van a llenar el tiempo dedicado a la lectura. Ya no tienen edad de que su madre o su padre les cuenten cuentos, aunque les gustaría, pero jamás lo reconocen. Piensan que los cuentos son para los pequeños y ellos ya se consideran mayores. Tampoco los seduce que les lean en voz alta, salvo cuando se celebran lecturas familiares. Van al colegio solos, les gusta una chica –o un chico– y son felices porque los corresponde, o sufren porque no los hace caso. Leen, pero tampoco demasiado; su afición a la lectura se mantiene todavía en el filo de la navaja. Un buen libro la puede situar en ese lugar mágico donde siempre debería estar, pero el menor percance puede tirarla por los suelos. ¡Depende aún de tantas cosas! En algunos momentos de sus vidas, la lectura ha sido un verdadero azote, como la denomina Daniel Pennac, en el ya mencionado libro *Como una novela.*

> "La lectura es el azote de la infancia y prácticamente la única ocupación que sabemos darle (…). Un niño no siente gran curiosidad por perfeccionar un instrumento con el que se le atormenta; pero conseguid que ese instrumento sirva a su placer y no tardará en aplicarse a él a vuestro pesar".

Los que amamos los libros no podemos permitir que quienes empiezan el camino de la lectura se sientan rechazados por ella. "Esto no es para mí", podrán decir muchos lectores porque se les dice que leer es interesante y divertido y resulta que no es verdad. Se les asegura que pueden leer lo que quieran y cuando quieran, y el resultado es que se les obliga. De esta forma, la lectura recreativa se vuelve aburrida y los libros, en general, se convierten en una obligación, con deberes incluidos.

La informática es una necesidad en el mundo que vivimos y a los/las jóvenes les interesa y manejan las computadoras mejor que nosotros, los adultos. Se debe poner un cierto límite a Internet y a los juegos, en un doble sentido. Evitar la dependencia, el que permanezcan demasiado tiempo dedicados a ellos, porque no deben convertirse en una actividad única, que perjudique la vida familiar, la relación social, el estudio, la lectura y produzca un gasto excesivo.

Por otra parte, hay juegos demasiado violentos, y la violencia de ficción tiende a trivializar la violencia real. Se deben vigilar los contenidos y las edades de los niños que van a jugar con ellos, especialmente en las familias que hay varios hermanos. En este terreno, no se debe autorizar el uso de los juegos o de Internet a todas las edades. Aquello que les está permitido a los mayores no tiene por qué autorizarse a los menores. En lugar de prohibir, sería preferible hacer responsables a los que tienen más edad de los más pequeños.

Tampoco hay que tener miedo a que el libro pierda vigencia e importancia frente al ordenador. Pude contemplar cómo se digitalizaba, en los talleres de Nuevas Tecnologías de la Universidad de Alicante, la biblioteca Cervantes –biblioteca virtual Miguel de Cervantes–, y me quedé gratamente impresionada y esperanzada ante los resultados. Se trata de que los niños y los jóvenes lean, y lo de menos es cómo se vehiculicen los libros si el soporte los aproxima al lector, en esta ocasión, al joven lector, más habituado a la pantalla y los botones que al papel escrito.

ANALFABETISMO FUNCIONAL Y FRACASO ESCOLAR

En este mismo capítulo me he referido ya al analfabetismo funcional, que quedó definido como la dificultad de decodificar y entender el significado de lo que se lee. El motivo de que se produzca –a los que leemos con normalidad nos cuesta comprenderlo– es que los niños no leen, una vez finalizado el aprendizaje de la lectura. Se entregan a la televisión y, cuando van al colegio, escasamente saben leer, carecen de hábito, velocidad y soltura y, por supuesto, no entienden lo que leen, y se desanima. "Es muy raro –uno no se acaba de convencer–, no conozco a nadie que le pase una cosa así". En efecto, no conocemos a nadie con analfabetismo funcional porque nadie lo cuenta; quizá ni siquiera sea fácil tomar conciencia de algo que al sujeto que lo sufre le parece natural. Sin embargo, el analfabetismo funcional existe y está más generalizado de lo que podemos suponer. Voy a contar mi experiencia al respecto: en un viaje a Londres en 1992, visité la BBC. Me sorprendió observar que estaban realizando una serie de televisión para la alfabetización de los adultos. Extrañada, quise saber si había en Inglaterra tantos analfabetos. Me explicaron que el analfabetismo funcional era muy alto. Muchos ejecutivos eran analfabetos, literalmente hablando, porque de no leer habían llegado a olvidar lo que aprendieron alguna vez. Lo disimulaban en público abriendo el periódico o haciendo algún gesto parecido, y se las arreglaban para que las secretarias los sustituyeran en la lectura y la escritura. Aún me cuesta creerlo; pero, no hay duda, en Gran Bretaña el número de analfabetos totales o funcionales entre los menores de 16 años es de siete millones, y uno de cada cinco ciudadanos, entre los 16 y los 69 años, tiene un nivel de lectura insuficiente. En definitiva, un 22% de los adultos es incapaz de leer un documento y, mucho menos, de comparar un informe con otro. Increíble. En Francia, el 9% de la población adulta tiene graves dificultades con la lectura, pero en Estados Unidos es analfabeto funcional un 50% de la población. El 7% de la ciudadanía es analfabeta total, el 40% de los niños menores de ocho años o no sabe leer o no comprende lo que lee, y el 20% de los adultos –unos 40 millones de habitantes– tiene dificultad para leer el impreso de los horarios de un autobús. Atendiendo a las estadísticas, el 4% de la población occidental es iletrada. Para terminar, 150 millones de niños en el mundo estaban sin escolarizar en el año 2000; puede que sean más en el 2002, porque no espero que escolaricen a todos los que trabajan en régimen de esclavitud, y cada día son más.

No es difícil entender que se fracase en los estudios cuando no se sabe leer aunque parezca que sí. No se entiende lo que se lee. No existen hábito y rapidez lectora. No se puede hojear un libro porque hay que pensar mucho cada palabra. No es fácil echar un vistazo rápido a una página y enterarse de algo. De nuevo me cuestiono seriamente si, en estas condiciones de analfabetismo funcional y desconocimiento del lenguaje, puede parecernos raro que el desarrollo cognoscitivo del estudiante para crear situaciones que exigen el uso de la deducción, razonamiento e inducción sea nulo. Esta limitación se pone de manifiesto en un escaso incremento del pensamiento abstracto. Me parece imposible que nadie pueda estudiar careciendo de la capacidad de análisis que le permita desarrollar habilidades propias del pensamiento abstracto que, a su vez, depende directamente del conocimiento del lenguaje, sobre todo a partir de los 12 años. A esta edad es cuando empieza a desarrollarse el pensamiento formal, que se centra en lo posible y es hipotético deductivo. Hasta ese momento se ha hecho uso del pensamiento concreto, que se centra en la realidad. Si no se produce el paso del uno al otro, ¿cómo se puede aspirar a estudios superiores?

El Ministerio de Educación reconoce un 60% de fracaso escolar. O sea, de 100 niños, 60 fracasan al intentar hacer una etapa secundaria de su aprendizaje. El mismo Ministerio, en una reciente estadística sobre la lectura en España, facilita los siguientes datos: el 46% de la población no lee nunca nada. Ni siquiera el periódico. Nunca. Nada. Terrible visión del panorama cultural de nuestro país. Del 54% restante, un 28% contesta a la pregunta de por qué no lee, o por qué lee tan poco, con una frase rotunda: "No me gusta". El resto parece ser que sí lee, especialmente las mujeres entre 14 y 24 años. Un 36% lee un libro al mes, unas cinco horas a la semana. Un total de 10 libros al año. En medio de todo lo grave que me parece este asunto, sentiría una cierta esperanza si, verdaderamente, 36 mujeres y jóvenes de cada 100 leyeran, si no fuera porque el Ministerio ha hecho una trampa: ha incluido en el capítulo de la lectura no sólo los libros del periodo escolar, que justifican que los jóvenes leen –lecturas obligatorias–, sino la prensa diaria, la deportiva y todo género de revistas, también las del corazón.

Con un panorama tan desolador, ¿cómo puede un chico o una chica de 12 años jugarse su futuro? ¿Con qué derecho se les margina a esta edad, separándolos de los compañeros, marcándolos con un signo, una letra, y sobre todo con un espacio, que los define como tontos o, por lo menos, como fracasados? Se produce el fracaso escolar en unas edades en las que el solo hecho de entrar en la adolescencia produce una crisis que no tiene por qué ser definitiva. El que se recuperen e integren dependerá de que los profesores y los padres crean en ellos. De mis siete hijos, unos han sido mejores estudiantes que otros. No sé si como norma de conducta o por manera de ser, el que un hijo/a no cumpliera mis expectativas en el terreno de los estudios no me ha producido nunca un trauma, y jamas ha alterado mis relaciones con él, con ella, pese a que por mi formación y aficiones valoro los estudios universitarios. No obstante, compruebo ahora que todos ellos han salido adelante y se han abierto camino por su propia capacidad de trabajo y su facilidad para aprender. Estoy satisfecha, pero pienso que podían haber estudiado todos. Supongo que, de las desigualdades que al respecto hay entre ellos, la responsabilidad es mía, por no haber puesto de mi parte lo mismo con unos que con otros. Naturalmente, los que no son universitarios son los que han leído menos, y pienso que ahí es donde debe de estar mi fallo. Los mejores estudiantes, los que siempre sacaron buenas notas y han hecho brillantes carreras universitarias, pasaron su crisis entre los 12 y los 14 años. Recuerdo que mi hija mayor suspendió cuarto de Bachillerato en julio. Estaba ilusionada con tener una bicicleta nueva y daba por hecho que se la llevaría de veraneo –*Las bicicletas son para el verano*–. Cuando me enseñó las notas, aceptó la sanción –que yo todavía no había impuesto– de antemano y de buen grado: no tener la bicicleta nueva. No obstante, se la compré porque me pareció que la confianza tendría más fuerza que la penalización y porque quería dejar claro que se la regalaba porque la quería mucho y porque uno no quiere "por", sino "a pesar de". Parece obvio que a los hijos hay que quererlos como son, exactamente como son, y no por lo que son, tanto si triunfan como si fracasan, sin pedirles nada a cambio. Naturalmente, uno se alegra de lo que hacen bien, y si triunfan es una satisfacción, pero por ellos, sólo por ellos, porque a mí, como madre, me basta con tenerlos, quererlos y que me quieran, y lo único que deseo es que sean felices. Mi hija aprobó con creces en septiembre y las dos nos quedamos muy satisfechas. Me ha sorprendido siempre observar que muchos padres y madres desean que sus hijos tengan una carrera rentable, un buen empleo, que sean ricos y se casen bien; lo único que no se plantean es que sean felices. ¡Lástima! Me han contado que a una monja, profesora del colegio de una de mis nietas, cuando le preguntan qué hacer para que los niños no fracasen en sus estudios, contesta con seguridad: "Que sean felices". En lo que a mí respecta, estoy de acuerdo.

No pretendo decir en este apartado especialmente dedicado al fracaso escolar que toda la culpa la tiene el hecho de que no lean. Pero es evidente que quien no lee no podrá estudiar. Y de que no lean y de que no estudien es culpable una educación que tanto en el hogar, como en la sociedad, como en la escuela, no les ofrece una meta que los ilusione y motive, ni cultural, ni profesional, ni laboral. Tampoco recursos permanentes que faciliten a los adolescentes tener una vida rica en experiencias recreativas e intelectuales. Ni a los niños obtener otra percepción que la que les ofrece una televisión pública que hace dejación de sus obligaciones para con las minorías —y la más importante es la de niños y jóvenes—, en las manos de productoras cuyos intereses se basan no en planteamientos educativos, sino en afán de lucro. En una política que, en el plano educativo, va de mal en peor, y en el cultural ni siquiera investiga cómo luchar contra el analfabetismo funcional —no es imposible si las imágenes se definen y nombran a sí mismas con palabras, y las palabras se dibujan como si fueran imágenes— ni sobre la mejor manera de crear una base de multimedia en los colegios. También brilla por su ausencia la publicidad sobre la lectura, y no existen motivaciones suficientes fuera de unas campañas pobres de contenidos y carentes de imaginación y eficacia. Supongo que los políticos hacen lo que saben hacer, la lástima es que sepan tan poco.

¿Y los padres? ¿Qué pueden hacer los padres al respecto? Ante todo, ser lúcidos para darse cuenta de lo que pasa en cuanto a lectura, cultura y educación se refiere. También, tratar de subsanar en casa determinados aspectos de la formación intelectual de los hijos, comenzando por el lenguaje. Hablarles mucho a todas las edades. Y contarles miles, millones de cuentos cuando son pequeños, y leerles en voz alta, y asegurarse de que van entendiendo los significados, sin examinarlos —un niño de 11 años tiene hoy dificultades para entender un texto—, y explicarles todo aquello que no han entendido bien, sin darles clases. Me consta que es difícil, que hay que dedicar tiempo, que hay poco y que la vida laboral nos absorbe querámoslo o no. Pero hay familias que lo tienen más complicado que otras: las que por pertenecer a clases económica y culturalmente disminuidas no tienen ni tiempo ni una buena base de lenguaje. Existen mayores posibilidades, tanto en los estudios como en la vida, para los hijos de familias mejor situadas. Naturalmente, cuando los padres son conscientes de sus obligaciones y deberes.

ANÁLISIS Y RECETAS

• Los adultos –padres y maestros– debemos ser lo suficientemente generosos para permitir a nuestros hijos/as y discípulas/os leer lo que les gusta más, dentro de lo que puedan escoger, y también aceptar que dejen un libro a medio leer cuando no les interese, que lo hojeen y que lo rechacen, que lean el final, que se lo cuenten a quien les parezca oportuno y acepte escucharlo, que lo critiquen negativamente, aun en el caso de que nosotros opinemos lo contrario, que digan que no les gusta aunque se lo hayamos regalado con ilusión y que no lean si no lo desean.

• La lectura no puede ser nunca una obligación, sino una actividad libre, voluntaria y placentera.

• Voy a repetir textualmente un párrafo de la página anterior. Me consta que está muy próximo y que resultará reiterativo, pero me parece importante, y quien lo haya leído ya en páginas anteriores, no tiene por qué leerlo ahora:

"Ante todo, (los padres deben) ser lúcidos para darse cuenta de lo que pasa en cuanto a lectura, cultura y educación se refiere. También, tratar de subsanar en casa determinados aspectos de la formación intelectual de los hijos, comenzando por el lenguaje. Hablarles mucho a todas las edades. Y contarles miles, millones de cuentos cuando son pequeños, y leerles en voz alta, y asegurarse de que van entendiendo los significados, sin examinarlos –un niño de 11 años tiene hoy dificultades para entender un texto–, y explicarles todo aquello que no han entendido bien, sin darles clases. Me consta que es difícil, que hay que dedicar tiempo, que hay poco y que la vida laboral nos absorbe querámoslo o no. Pero hay familias que lo tienen más complicado que otras: las que por pertenecer a clases económica y culturalmente disminuidas no tienen ni tiempo ni una buena base de lenguaje. Existen mayores posibilidades, tanto en los estudios como en la vida, para los hijos de familias mejor situadas económicamente. Naturalmente, cuando los padres son conscientes de sus obligaciones y deberes".

8. Crecer con libros. Así soy yo, así fueron mis libros

A veces mi memoria ha repasado con meticulosidad los libros preferidos de mi infancia. Trataba de encontrar explicación a circunstancias de mi vida en las cuales yo veía cierto paralelismo con las lecturas de mi niñez. En efecto, pensar en ello me llevó a la conclusión de que la relación –la influencia de aquellos libros– parecía indudable. "Así eres tú, así fuimos nosotros", parecían decir mis libros de antaño.

Deberé hacer una declaración de principios. Como todo el mundo, he tenido en mi vida días felices y horas difíciles, unas veces mis circunstancias han sido fáciles y gratas, y otras desapacibles e ingratas. No obstante, todas ellas, las mejores y las peores, han hecho de mí lo que soy, y no estoy descontenta. Desde luego, he crecido con libros. Han sido mi consuelo y mi guía. Creo que gracias a ellos he sobrevivido psicológicamente sana. Todavía hoy, cuando compro libros, algo que hago con mucha frecuencia, vuelvo a casa con el nuevo volumen apretado bajo mi brazo y mi imaginación presenta ante mis ojos todas las perspectivas que me propone el libro que acabo de comprar. Todavía me emociona abrirlo y poner mis ojos en sus palabras con la

Crecer con libros. Así soy yo, así fueron mis libros

119

sensación de que me apropio de algo que para mí es muy importante.

Mi primer libro fue el libro-casa, y creo que ha sido gracias a él, o por su culpa, aún no estoy segura, por lo que me he mudado tantas veces. Cada mudanza ha sido una aventura y, en cada aventura, uno busca su lugar en el mundo. En realidad, creo que nunca me he cambiado de una a otra casa, sino de un libro a otro libro.

Ese libro que dio paso a todos los demás se llamaba *Lu Ming, hija de la China*. Yo admiraba mucho a Lu Ming, que ponía toda su fuerza y su generosidad en socorrer a todos aquellos que tenían una situación precaria. Su pueblo era lo primero para ella y, para ser útil, se hacía médico. Lu Ming ha estado presente, aunque nunca haya sido consciente, en muchas de mis decisiones. Por último, quise ser Heidi. Me sonroja reconocerlo, pero me consuela saber que algún gran escritor quiso ser Caperucita. Cosa de niños. Todavía espero encontrar una casa bucólica como la de Heidi, si no en los Alpes, por lo menos en la sierra.

ESPACIOS Y LIBROS COMO PROYECTO DE VIDA

A veces imagino la infancia como paisaje, y pienso que un paisaje es un espacio y también una imagen que, cuando es real, no es solamente un conjunto de líneas, de formas y de colores. Es, sobre todo, una atmósfera. Y esa atmósfera posee su magia cuando el recuerdo nos aproxima a ella. La tiene también en la realidad, no sólo en el recuerdo. Es verdad que es tan manejable como la masa tierna y, con ella —nosotros cuando fuimos niños, nuestros hijos ahora que lo son— y nuestra dedicación y cariño, se pueden hacer cosas maravillosas; basta con dejarla crecer añadiendo la levadura necesaria. Me refiero al estímulo para el crecimiento. Ninguno mejor que los libros. Tal vez sea positivo el animarlos a escribir quizá un diario, algo parecido al diario de viaje de los navegantes. También relatos en los cuales se les puede sugerir que plasmen sus experiencias, sensaciones y sentimientos. No obstante, no se trata de redacciones. Lo que escriban los hijos hay que respetarlo y no leerlo sin su permiso ni presionarlos para que nos lo dejen leer. Sería suficiente si se acostumbraran a escribir. Es sano, psicológicamente hablando, y parece difícil que si les gusta sentarse ante el ordenador para escribir no les apetezca tomar un libro y leer.

Hace unos meses –ya pensaba en este libro–, escuchando en la radio un espacio sobre temas literarios, oí lo siguiente: el conductor del programa le preguntaba a un invitado cómo estimular la lectura en los jóvenes. Contestó que no era necesario hacer nada. Que si se aficionaban solos a la música por qué no iba a ser igual con la lectura. Me pareció un grave error, porque a la música no es cierto que se aficionen solos. Les llega continuamente a través de la radio, los programas musicales de televisión y las promociones de los discos. Pronto van a fiestas o, cuando tienen edad suficiente, a locales públicos donde se escucha música y se baila. Me gustaría poder decir lo mismo que en el programa que escuché, pero cambiando ligeramente la frase: "No hace falta hacer nada... más que lo que se hace con la música para que los jóvenes lean".

Me imagino que no podemos esperar que se consiga algo tan prometedor en la promoción del libro. Desearía profundamente ver un día en televisión *videoclips* de los libros y que éstos fueran algo tan familiar como los *CD's* en la vida de niños y jóvenes.

Debemos ser nosotros quienes llenemos de libros ese espacio que es la infancia de nuestros hijos. He escuchado esta mañana una entrevista, también por radio, al autor de un libro para niños. Al terminar, ha pedido a los padres que compraran un cuento a sus hijos. Inmediatamente, ha añadido: "Es mejor que se lo lean". Rectifico entonces, llenemos de cuentos narrados, de libros leídos en voz alta ese espacio, aparentemente pequeño, pero inmenso ateniéndonos a sus posibilidades. No es imposible, ni siquiera demasiado difícil, basta con querer. Sí, serán lectores si nosotros, sus padres, lo queremos verdaderamente y hacemos de los libros algo tan familiar en el espacio de la infancia como la música.

Héroes y personajes amigos

No está de moda ser adulto. Sin embargo, es negativo permanecer indefinidamente en la primera etapa de la vida por importante que sea. "La infancia prolongada a perpetuidad es una perversión", escribí hace tiempo. Los jóvenes son el modelo a seguir no sólo para los niños, sino también para los mayores. Todos queremos ser jóvenes. A veces, gracias a la cirugía estética, las madres parecemos tan jóvenes como nuestras hijas. Vestimos como ellas, tenemos parecidas actitudes. Algo similar se puede decir del comportamiento de muchos padres. Los niños lo acusan y viven como les proponemos, según la imagen de nosotros que les ofrecemos, que no debe de ser muy positiva, pese a la ficticia y llamativa juventud de que muchos adultos hacen gala. Como ejemplo nos valen *Los Pokémon,* una serie japonesa de gran éxito, supuestamente infantil. Si hacemos memoria, recordaremos que en Japón bastantes niños sufrieron pérdidas de conocimiento viendo este programa. Se analizaron las causas, pero no me consta que se llegara a ninguna conclusión, aunque se habló de la agresividad de la imagen en sí misma, rapidez, color, etcétera. Después de ver detenidamente algunos de los espacios de *Los Pokémon,* me ha parecido apreciar que los niños podrían identificarse con los pequeños personajes que luchan a instancias de sus dueños, que los presionan pidiéndoles imperiosamente que continúen luchando, que lo hagan mejor y se esfuercen más, que no se detengan... Para los telespectadores infantiles estos autoritarios y abusivos personajes serían los adultos, padres y profesores. Tampoco me ex-

121

trañaría que fuera así, dado el grado de competitividad de nuestras sociedades.

Gracias a las películas de serie B, la figura del héroe se ha degradado, pero sus características impactan a los niños. Son personajes que utilizan sistemáticamente la violencia para triunfar, que jamás dialogan y que en ningún momento leen, ni siquiera el periódico. Los niños y adolescentes que los adopten como sus héroes querrán ser mayores para ser poderosos, no para ser sabios. Sin duda existen escritores que han sido grandes aventureros y han tenido vidas apasionantes. También han creado héroes de novela que, en general, son mejores modelos de identificación que los de televisión y que, además, exigen leer para conocerlos. Sería una buena propuesta para animar a la lectura la de los escritores aventureros y sus personajes heroicos. Más humanos, más reales y, sobre todo, más próximos. Personajes amigos. En *La bola de cristal* había un eslogan que fue eficaz y popular: "Solo no puedes, con amigos sí". Hubo otro que presentaba en imagen un rebaño de corderos y la voz en *off* decía: "Si no quieres ser como éstos, lee". El libro es el mejor amigo, lo es la voz del escritor y los lectores. Puedes, con todos los que leen.

LECTURAS PARA PASARLO BIEN, PARA VIVIR AVENTURAS, PARA ENAMORARSE, PARA CONVIVIR, PARA CONOCER Y CONOCERSE. LECTURAS PARA SER MAYOR

Los adultos tenemos, en numerosas ocasiones, motivos fundados para leer libros que nos aburren. Nos vemos obligados por razones profesionales, de estudio y aprendizaje, y también sociales, a dedicar parte de nuestro tiempo libre a lecturas con las cuales no lo pasamos bien. En realidad, no sé por qué digo algo que, siendo cierto, no tiene razón de ser. Nunca he leído un libro que no me haya producido algún tipo de satisfacción, porque aprender algo que nos interesa es, desde mi punto de vista, de lo más grato de la vida. Recuerdo que hice estudios universitarios casada y ya con varios hijos, si bien es cierto que todavía pequeños. Cuando los acostaba, y terminaba todos mis quehaceres domésticos, me ponía a estudiar. A veces se me complicaban las cosas y era ya muy tarde cuando abría los libros. Estaba cansada y la filosofía me parecía difícil. Entonces sentía cierto desánimo, llegando incluso a pensar en dejarlo. No olvidaré, sin embargo, la profunda satisfacción que me embargaba cuando lograba entender algo que se me resistía. Aquellos libros de estudio me proporcionaron también grandes satisfacciones. Posiblemente porque, como cuando leía por placer, estudiaba sin que nadie me obligara, sencillamente porque quería.

Los niños necesitan estímulos, puesto que para poder decir que con los libros siempre se pasa bien hay que conocerlos y creer en ellos cuando uno los elige adecuadamente. Hay que ser lector. Y para serlo tienen que empezar por leer aquellos libros con los cuales lo pasen bien. Prioritariamente. Si tienen otras cualidades –deben y pueden tenerlas–, mucho mejor; pero lo más importante es que se diviertan leyéndolos, que los apasionen. Es igualmente una garantía. No parece que pueda apasionar un mal libro.

Los relatos con los cuales pueden disfrutar más son los que dan paso a la imaginación. Recuerdo cuando de niña me acostaba por la noche y vivía con la imaginación toda clase de aventuras. De esa forma era capaz de superar mis miedos para conciliar el sueño. De esa manera la noche se convertía de nuevo en libro. Vivir aventuras, dormirse siendo el mejor espadachín de un reino imaginario, vencer a truhanes, hacer justicia, liberar princesas, son satisfacciones que los niños necesitan para vivir plenamente su infancia. Yo no fui nunca en mis sueños un espadachín, tampoco una princesa de cuento de hadas, no sé con exactitud qué es lo que fui, pero me acuerdo de que era alguien que hacía cosas, las hacía bien y todos me miraban. Quien no podía dormirse sin la espada era un amigo que me confesó, hace poco y ya muy mayor, que continuaba teniendo el mismo hábito. Tampoco pasa nada, los hay peores. Cuando me lo contaba, venía a mi memoria que un día le vi por la calle yendo yo en un coche. Quise que me viera, saludarle, porque hacía tiempo que no sabíamos nada el uno del otro. Fue imposible, a pesar de que le llame a voces sacando la cabeza por la ventanilla. Mientras yo gritaba y me miraba todo el mundo, él leía. Continuaba embebido en las páginas de un libro mientras andaba por la calle y cruzaba, con el semáforo rojo. Leyendo se perdió en la lejanía. Pensé, desde entonces, que era un hombre afortunado por leer con tanta fruición y por llegar a casa vivo. También, por todas las cosas estupendas e importantes que ha hecho en su vida y que, según él, debe a los libros. Yo le creo.

Para pasarlo bien con los libros hay múltiples posibilidades, miles de temas y todos los géneros. Veremos algunos:

Vivir aventuras

Todo es una aventura cuando se vive con espíritu aventurero. Con optimismo. Con ilusión. En cuanto se refiere a los libros, los autores clásicos han escrito los suficientes e inmejorables textos como para entretenerse y disfrutar una buena temporada. Stevenson, Conrad, Jack London, Emilio Salgari, Herman Melville, Julio Verne. Para disfrutar de ellos es necesario saber leer bien y tener hábito lector.

Enamorarse

¿De quién? ¿De qué? Ante todo, de la vida. ¿Cómo separarlo de la pasión de la aventura? Los libros, los temas, los géneros, remiten los unos a los otros. No obstante, para que el amor sea lo que es —un sentimiento importante y sólido y una razón para vivir, y no algo desvaído y cursi—, es mejor esperar a su momento y empezar en la adolescencia con libros adecuados y bien seleccionados, con criterio y sin gazmoñería.

Convivir

He comprobado –reconozco que ha sido una grata sorpresa– que existen en el mercado buenos libros juveniles. En muchos de ellos, la tolerancia, el respeto a los otros y la convivencia son temas tratados convenientemente. Tienen la ventaja de ser sencillos y poderse leer a una edad temprana.

Conocer

¡Qué fácil! Biografías de todo género de personajes, temas históricos a los cuales los jóvenes suelen ser aficionados, viajes... En un libro para adultos de Alain de Botton titulado *El arte de viajar,* hay unas páginas dedicadas a un autor llamado De Maistre, que escribió un texto titulado *Viaje alrededor de mi cuarto.* En él viajaba, como el título indica, alrededor de su habitación, yendo de la cama al sofá y de allí a no sé qué otros muebles con un pijama rosa y azul. A este autor le bastó recorrer su cuarto para escribir un libro; a un buen lector le basta con un libro de viajes para recorrer el mundo.

Hacerse mayor

Es el fin de todo aquello que uno haga, porque es ley de vida. Crecer es obligado y es un bien precioso cuando se crece bien. Quiero decir, cuando se crece pasándolo bien, viviendo con carácter aventurero y con amor, y aprendiendo muchas cosas de las propias experiencias, de los demás y de los libros. De muchos libros, de todos los libros. Desde muy pequeños, a pesar de que en este capítulo las recomendaciones están dedicadas a los adolescentes.

Análisis y recetas

• Terminando ya este libro, no quiero dejar de deciros, a los padres y madres que lo estéis leyendo, que leer es importante para nuestros hijos, y que para conseguirlo, como pasa con tantas otras cosas, hay que desearlo verdaderamente. Que desear no es fácil, porque una cosa es expresar un deseo, incluso pensándolo de buena fe, y otra poner manos a la obra, luchando con prudencia y habilidad para que se cumpla lo deseado. En esta ocasión, para crear a los niños y a los adolescentes un clima que incite a leer. Para poner, como una herencia maravillosa, los libros en su vida.

• No hay que tener miedo a la lectura.

• Para hacer hijos que lo pasen bien, que vivan con aventura y amor, que sepan convivir, que conozcan y que crezcan, nosotros tenemos que pasarlo bien, saber vivir con espíritu aventurero y amor, convivir, conocer y también haber crecido. Al menos desearlo. Nunca es demasiado tarde. Siempre se está a tiempo.

9. Televisión y lectura

Solemos tener una innata tendencia a culpar de todo a la televisión. También yo, pese a haber trabajado en sus platós durante varios años y de seducirme hoy hacer imagen tanto como el primer día. Más, quizá, puesto que sé lo apasionante que puede resultar un estudio vacío. Uno se siente omnipotente sabiendo que aquel espacio que, pese a ser limitado, se convierte en infinito gracias a la magia del objetivo de la cámara. Recuerdo, no sin nostalgia, aquella grata sensación. La perspectiva me reconciliaba conmigo misma; el estudio estaba ante mí y un cúmulo de decorados se amontonaban apoyados sobre cualquier pared de los laterales. Los decorados son siempre sugerentes. De ellos he aprendido la fragilidad del mundo, la inestabilidad de las apariencias y la precariedad de los hechos. Curiosamente, llegué a sentir una cierta complacencia por el vértigo de lo inseguro. Mi memoria visual puede reproducir todavía cada uno de los detalles a los cuales me enfrentaba a diario con la precisión de un escáner cuando reproduce una fotografía. Sí. En el plató vacío uno es el general de un peculiar ejército. Ingenuamente, cree haber conquistado la tierra con su talento, dividiendo en dos sus posiciones con la simplicidad con que un pastel se divide en porciones: dentro y fuera, interior noche y exterior día. Dentro del plató uno reproduce sus deseos, establece realidades y ordena lo irreal. Igualmente, juega con el tiempo y el espacio, y logra crear modelos de identificación.

No soy aficionada a las estadísticas y, sin embargo, al hablar de televisión es necesario barajar datos y cifras. No basta con conocer determinados aspectos de la programación. Interesa saber también quiénes se encuentran frente a la pantalla y durante cuánto tiempo. Por ejemplo, sabemos que acapara la atención de jubilados y amas de casa. En general, se puede afirmar que son los grupos de población menos privilegiados, económicamente hablando, los que crean mayor grado de adicción con la pequeña pantalla. Sin embargo, no es posible incluir en esta afirmación a los niños y a los adolescentes. Por el contrario, con un alto número de jóvenes sucede a la inversa: a mayor capacidad adquisitiva, más número de horas ante el televisor. No podemos extrañarnos porque es el resultado del número de televisores que acumulan los hogares. Por ejemplo, es muy alto el porcentaje de niños y adolescentes que disponen de él en el propio dormitorio –un 80% en Francia, y es de suponer que en nuestro país no andemos lejos–. Y a tanto televisor corresponden muchas, pero muchísimas horas de pasiva teleadicción. Conviene tener en cuenta, al contabilizar el tiempo, que los niños suelen verla solos y, con frecuencia, los padres ni siquiera saben lo que están viendo. La ausencia del padre está ya aceptada por nuestras sociedades como algo habitual e irremediable, y la de la madre se va admitiendo de igual manera, sin tener en cuenta que la falta de los padres supone la pérdida de quienes distribuyen los afectos, aportando valores y criterios. Escribí hace tiempo:

"El televisor, como la madre, es el centro de la casa. Una referencia segura, estable y clara. Con un tanto a favor del televisor: responde a todas nuestras interpelaciones, nunca frustra y obedece a todos nuestros deseos. La madre, sin embargo, viene y va, apareciendo y desapareciendo independientemente de la voluntad del niño y no está disponible constantemente ni puede cumplir siempre su cometido intrínseco de 'centralizar' y 'canalizar' a la familia. El televisor sí.

"Es evidente que las madres han ido relegando determinadas funciones que van cediendo al televisor. Pongamos un ejemplo: tradicionalmente la figura materna ha sido el centro de organización de lo cotidiano que escandía la jornada, imponía un ritmo y un orden a la actividad doméstica y marcaba, como un reloj, el paso de las horas y la transición de una disciplina a otra e incluso de un espacio a otro; hoy, en cierta medida, estos cometidos los ha asumido la pequeña pantalla. El orden y la disciplina se alteran habitualmente para ver determinados programas; luego la televisión manda tanto o más que la madre. Desde hace ya tiempo se está programando en bandas horizontales para que los telespectadores identifiquen fácilmente su programación y fijen sus hábitos. Son al mismo tiempo referencia horaria para los niños, que dividen el día y saben la hora en función de las imágenes de una cabecera o la música de una sintonía. 'He tardado en desayunar y voy a llegar tarde al colegio', se dicen, porque han acabado ya los dibujos animados, o 'Es ya la hora de comer, porque ha empezado el informativo', o 'Papá estará a punto de llegar, porque va a comenzar la película de la noche'. En realidad, en la vida de un niño casi todo se ordena en función de la televisión —el juego, el estudio y la vida familiar—, de la misma forma que antes se regía por la figura materna. Era a ella a quien se acudía, como a un refugio firme, cuando invadía la angustia, la tristeza o el temor. Hoy somos los propios adultos los que procuramos por todos los medios sustraernos a esos sentimientos conectando el televisor y dejándonos llenar de imágenes a las que no prestamos ni un interés ni una adhesión activas, pero que nos homogeneízan en un espacio 'superpoblado' en el que podemos encontrar de todo, salvo a nosotros mismos. Se trata del miedo a la soledad, una de las plagas de nuestra época, y a ese ogro interior que aparece inmediatamente en ella: el aburrimiento".

Son muchos los niños que se encuentran solos en casa por la tarde, cuando llegan del colegio. Con un poco de suerte, los espera el bocadillo que les habrá dejado preparado la madre, o la cena dentro del microondas y el televisor, que encenderán sin otra finalidad que la de oír una voz amiga para no sentirse tan solos.

Sin embargo, no nos queda otro remedio que aceptar la realidad tal y como nos viene impuesta, pero conociendo sus consecuencias para salir al paso en la medida de lo posible. De nada valdría aceptar la posibilidad de prescindir del televisor no sólo por lo mucho –o lo poco– que nos entretiene, sino por lo mucho –o lo poco– que nos informa. Tanto los adultos como los niños utilizamos la pequeña pantalla para enterarnos de las cosas o de una faceta muy importante de las cosas: su imagen. En esta imagen de las cosas que nos llega desde el televisor se basa en gran medida nuestra relación social –nuestra relación con los "otros"–, con el mundo –con lo "otro"– y con nosotros mismos –nuestra "otredad"–. La televisión no sólo está en nuestras casas, lo está igualmente en nuestras vidas y, de una manera más compleja y completa, en la de los niños, al influir en su desarrollo psicológico, moral e intelectual –me atrevería a decir que también físico–. Dejará profunda huella en ellos cualquier programa que vean de forma reiterada, porque todo aquello que se percibe como conocido influye en la elección afectiva; sin ir más lejos, los modelos de identificación quedarán definitivamente diseñados. El efecto, no tanto de la televisión como de la mala televisión, será tan demoledor como una apisonadora, aunque tampoco se trate de un camino sin retorno. A la televisión-mueble que encubre la televisión-negocio que, a su vez, es tapadera de la televisión ideológica, nosotros debemos oponer la televisión-espacio, que permite la televisión-ocio que conduce a la televisión crítica. Nuestro cometido como educadores –en el seno de la familia y en la escuela– debe ir dirigido a la sustitución de unos conceptos por otros. Es aconsejable aprender y enseñar a usar con consciencia y racionalidad el televisor, conectándolo y desconectándolo con arreglo a una cuidadosa selección de los programas que deseemos ver, porque basta con observar las programaciones para comprender que dejan mucho que desear.

131

A los niños tampoco se les ofrecen demasiadas posibilidades. Son escasos los programas infantiles y los que existen carecen de calidad. Esto justifica, en cierta medida, que los pequeños tiendan a ver únicamente dibujos animados o se inclinen hacia la programación adulta, aun no siendo lo más conveniente. No suelen estar acorde, ni con la sensibilidad de los más jóvenes ni con su capacidad psicológica, las imágenes que pasan ante sus ojos. Las cadenas deberían pensar en los más pequeños para ofrecerles mejores opciones. No obstante, lo grave de la programación no es tanto lo que se emite como lo que deja de emitirse. Sólo un conjunto de programas de géneros diversos y positivos modelos de identificación podrá ser saludable para los más pequeños, que necesitan especial atención por estar desvalidos ante la pequeña pantalla.

Algo que podría ser útil para la formación de los niños de cara al televisor, sería dialogar con ellos sobre los programas que suelen ver, especialmente sobre sus preferidos, ayudándolos finalmente a enjuiciarlos de forma crítica. Para conseguir los mejores resultados será conveniente que los padres o educadores los hayan visto al menos una vez y, a ser posible, junto al niño. Pero tampoco se trata de vivir pendiente del televisor. Es preferible facilitar otras opciones, como salir de paseo, leer, jugar, ir al cine o charlar con familiares y amigos.

Pero hay un elemento en lo que respecta a la televisión que es importante tener en cuenta al hablar de televisión y libros. Se trata del lenguaje. He mencionado ya lo que Havelock denomina la segunda oralidad. Es un hecho que hoy se lee poco y que la oralidad se recibe de una fuente prácticamente única: la que nos llega a través de los medios de comunicación. Me refiero a niños y jóvenes, pero sin excluir a un alto número de adultos. Si no leen prensa, si escuchan la radio sólo para oír música, y aunque no fuera así..., si la fuente de ocio es la televisión, convendrá recordar lo siguiente:

La palabra que nos llega conjuntamente con la imagen es, debe serlo, escasa. Esto no debe impedir que sea también rica, correcta y justa. No suele ser así, o al menos no siempre lo es. Por el contrario, en muchos de los textos propiamente televisivos la incorrección y la estupidez son norma. Al llegar a nuestras pantallas una imagen por segundo, la palabra queda invalidada, inútil, rota. Se va convirtiendo en pura y simple expresión, en onomatopeya, en exclamación o en brevísima interrogación –"¡Ay!" "*¡Guau!*" "¿Qué?"–, y no sólo se rompe el lenguaje, ya grave de por sí, también el pensamiento queda desestructurado, roto...

Lo que más me sorprende no es que las cosas sean mejores o peores, sino que siempre nos gusten o, al menos, que las consideremos inmodificables. Me asombra igualmente el cambio de sentido de las palabras. Lo bueno, lo malo, lo bonito, lo feo tiene un sentido distinto cuando no opuesto. Los criterios estéticos no se corresponden ya con los criterios éticos en lo que se refiere al arte. *Bondad, verdad, libertad* no son términos que estén en boga, y han sido sustituidos en el medio que nos ocupa por '*rating*', *beneficios* y *censura*.

Me gustaría definir brevemente las razones por las cuales la televisión y el libro se han convertido en enemigos que parecen irreconciliables: instalarse frente al televisor es cómodo y no exige esfuerzo alguno. Tampoco ver pasar imágenes que, las descifremos o no, acaparan fácilmente nuestra atención. Lo más que nos sucede cuando no somos capaces de decodificarlas, dada su frecuencia y rapidez, es que caigamos en la más absoluta pasividad, que nos conduce a un sopor que nos lleva directamente al sueño. Tampoco pasa nada porque, poco después, nos despertamos y la televisión continúa emitiendo el espacio que estabamos viendo u otro diferente, para el caso es lo mismo. La propia dinámica del medio nos exime de seguir sus programas de principio a fin. La televisión, como los pañuelos de papel, es de usar y tirar; ahí reside lo bueno y lo malo de su funcionamiento. El libro necesita un aprendizaje que no es imprescindible con la imagen televisiva. Pero no me estoy refiriendo ahora a la enseñanza reglada ni al libro en general. Cada libro que leemos en nuestra vida, aun no dándonos cuenta, si tenemos costumbre de leer, nos obliga a un posicionamiento, exige una actitud y un ambiente adecuado, nos propone una experiencia a la que debemos permanecer atentos si pretendemos hacerla nuestra y disfrutar de ella, y nos enseña cosas, muchas; pero para asimilarlas nos exige un proceso intelectual.

La televisión nos entrega, agresivamente a veces, imágenes creadas por otros que imponen una realidad estereotipada y uniforme, impidiendo que nos comprometamos con ella. La lectura nos obliga a posicionarnos.

Dice Joseph Conrad, en *Notas de vida y letras:*

"En verdad, todo novelista debe empezar por crear para sí mismo un mundo, pequeño o grande, en el que honestamente pueda creer. Y ése no puede ser sino conforme a su imagen; ha de ser inevitablemente individual y un tanto misterioso; pero, a la vez, ha de resultar familiar la experiencia para los pensamientos y sensaciones de los lectores. En lo más recóndito de toda ficción puede haber algo de verdad. Aunque no sea más que el infantil fervor por el juego de la vida".

133

Y es ahí, en el juego de la vida, donde la imagen y la palabra se deben fundir de manera definitiva en el mundo particular que cada uno, novelista o no, construye en su pensamiento.

Planteado el panorama que presenta la televisión –con excepción de algún canal temático que, dedicado a los niños, tiene más en cuenta la calidad de los productos que les ofrece–, sólo nos queda valorar la importancia que puede tener para los hijos el simultanear la pasividad del televisor con la actividad del libro. Limitarse a permanecer ante la pequeña pantalla pone en peligro la maravillosa posibilidad de tener un mundo propio, sin que nadie te lo cree desde el exterior. Supone la identificación con modelos ajenos e impuestos a través de la imagen. Trae consigo la pérdida del lenguaje, el desamor por la palabra –Steiner habla del amor a la palabra en algunos de sus textos sobre lenguaje–, el descuido del pensamiento y el alejamiento de la lectura. No se trata solamente de una cuestión de tiempo, sino de calidad en la utilización del mismo. Si cada palabra es una imagen, la literatura tiene muchas, muchísimas palabras. Afirma Isabel Alba, en su libro *Detrás de la cámara*:

"Las palabras de los escritores evocan imágenes. La palabra en la literatura es siempre evocativa".

Cabría preguntarse cuántas imágenes contiene un poema de Leopardi.

EL CINE Y LA TELEVISIÓN

Poco tienen que ver el cine y la televisión. Son diferentes los soportes, la emisión y la proyección, los planos y el tamaño de la pantalla, cuando el cine se exhibe como es debido en un local comercial. También lo son sus contenidos. En el coloquio de una conferencia para adolescentes, se levantó una de ellas para hacerme esta inteligente pregunta: "¿Por qué cuanto más va uno al cine, más crítico se vuelve, y cuanta más televisión se ve, menos crítico es uno?". Permanecí algo confusa unos segundos. A continuación, recurrí a lugares comunes para salir del paso: "Para ir al cine seleccionamos la película para que se corresponda con unos intereses concretos, solemos ir acompañados, nos desplazamos, se paga una entrada, la sala está a oscuras, se permanece en silencio y, al finalizar, se comenta lo que se ha visto con la persona que nos acompaña, enjuiciándolo con arreglo a nuestras expectativas. Por el contrario, para ver la televisión no nos movemos de casa, nos sale gratis, las luces están encendidas y todo el mundo habla, se nos interrumpe con frecuencia y rara vez se hacen comentarios que no sean banales. Hay cortes publicitarios". Me pareció que la joven se quedaba convencida, pero yo no me quedé tranquila. Era consciente de que existían razones infinitamente más poderosas para no enjuiciar críticamente la televisión y sí el cine. Después de pensarlo mejor, comprendí que no estaba equivocada. Abordé entonces las escasas similitudes y las grandes divergencias que existen entre el cine y la televisión. Hacerlo me reveló aspectos interesantes de la cuestión. Les es común la imagen en movimiento así como el que ambos medios admitan tanto el blanco y negro –aunque el cine juega con los grises, manifiestamente oscurecidos en televisión a causa de la deficiente iluminación– como el color. Aparentemente, también pueden realizarse en ambos medios los mismos planos, o al menos eso podemos creer si atendemos únicamente a su denominación técnica: primer plano, plano medio, plano general, etcétera. He dicho "aparentemente" porque las diferencias de formato entre el cine y la televisión hacen prácticamente imposible una realización idéntica. En el cine, por poner un ejemplo, un primer plano no llenará necesariamente la pantalla; en televisión sí. En el cine podemos ver varios planos al mismo tiempo: un primer plano en primer término y detrás una acción en plano general. Buena prueba de ello nos la proporciona Hitchcock en *La ventana indiscreta,* cuando detrás de James Stewart podemos observar lo que está sucediendo en la casa de enfrente, o Fellini en *Amarcord,* cuando tras la acción principal vemos a un niño que se aproxima con una gran piedra a la cuna de su hermanito, o Kenneth Branagh en *Los amigos de Peter,* donde se juega abundantemente con este tipo de recursos.

Algo semejante es casi imposible en televisión, debido a las características de cada formato: 4/3 en el caso de la televisión y 16/9 para el cine. Como las acciones paralelas. En *En el nombre del hijo,* en una de las primeras secuencias, se realiza un montaje paralelo con continuidad musical, que refuerza la rápida simultaneidad de dos acciones: los pies de unas niñas que bailan una danza popular irlandesa y un grupo del IRA que comete un atentado. En televisión sería posible hacer algo parecido, técnicamente hablando, en caso de interesar; algo impensable porque sólo se utilizan este tipo de recursos para contar algo y, tal y como se concibe hoy la televisión, se da prioridad a lo que llaman realidad o actualidad. Las historias son la base del cinematógrafo. Como en el libro. Por este motivo, en el cine, para entender lo que cuenta, suele ser imprescindible ver la película de principio a fin, también como en el libro.

Es importante recordar un hecho bien conocido: que el cine y el vídeo son soportes distintos. En el primero, la base es el celuloide. Se filma una película y el negativo logrado se somete a un proceso de revelado para positivarlo, operación en la que juega un importante papel el laboratorio. En el segundo, el soporte es la banda magnética y la grabación es directa. En el cine, la imagen se descompone en fotogramas –24 por segundo–, y en vídeo, en *frames* –25 por segundo.

Pero en mi análisis me llamó especialmente la atención la diferencia de espacios que existen entre cine y televisión.

Simplificando mucho, diré que en el cine tenemos la "pantalla" en la que se proyectan los diferentes planos y secuencias que forman la historia, la "pantalla oscura" que la rodea y el espacio que ocupan los espectadores. Podría considerarse un "cuarto espacio", apenas utilizado en este medio y especialmente útil en la realización de televisión: aquel que va de la pantalla al espectador.

Para no distraer innecesariamente la atención del lector con detalles técnicos fuera de lugar, me centraré en la "pantalla oscura", que pone de manifiesto que el cine domina el arte de enseñar sin enseñar. El espacio oscuro que sirve de marco a la proyección es inseparable de la misma. Sabemos previamente lo que alberga en su interior porque nos lo han enseñado a través de las entradas y salidas de los personajes, o por un *racord* de mirada, o porque nos llegan sonidos en *off,* o sencillamente porque lo suponemos o imaginamos al amparo de su oscuridad. Así, por ejemplo, cuando vemos en el espacio representado –la pantalla– un barco en alta mar luchando contra el oleaje, abatido por montañas de espuma y abrumado por el bramido de las olas, uno no está viendo sólo los encuadres que aparecen en la pantalla, porque nuestra imaginación se adentra en la oscuridad y nos presenta, al mismo tiempo, la inmensidad del océano. En las célebres escenas de la fiesta de *El gatopardo,* de Visconti, la pantalla oscura mantiene en nuestra mente la espectacularidad de la gran gala, a pesar de que el encuadre abarque tan sólo a dos personajes que conversan mano a mano. La pantalla oscura es una prolongación del encuadre que nos permite recrear nuestras propias imágenes en paralelo a aquellas que otro –el director de la película– ha creado para nosotros.

En televisión, el espacio de la emisión es el mismo que en el cine –salvando las diferencias de formato–. Sin embargo, es innegable que el tamaño de la pantalla limita nuestras posibilidades imaginativas y que, al no existir la pantalla oscura –la habitación está iluminada, la pequeña pantalla se encuentra entre muebles y objetos, y sobre el televisor suelen colocarse fotografías, jarrones o adornos–, la pequeña pantalla no tiene prolongación o, de tenerla, serían los mismos enseres de la habitación los que continuarían las acciones que se representan. Es difícil –por no decir imposible– percibir frente al foco de la televisión la grandiosidad del océano, la magnificencia del salón de Visconti u otras imágenes que las que un realizador ha grabado para nosotros. Mientras la televisión no nos permite recrearlas, el cine nos ofrece un gran margen de posibilidades, y el libro, la certeza. De nuevo recurro a *Detrás de la cámara*. Dice Isabel Alba:

> "El guionista no escribe, ve. En el guión la palabra pierde su valor evocativo para convertirse en meramente indicativa. (...) La base del guión es ver y las palabras son sólo la herramienta que utiliza el guionista para explicar lo que ve. Si la obra del escritor, sus palabras, es en sí misma una obra de arte, la del guionista, sus palabras, sólo es el chasis que luego será la obra de arte: la película".

En el cine prima la representación imaginaria bajo forma narrativa casi siempre de ficción, mientras que la televisión se propone, al menos con la mayor parte de sus programas, representar el mundo real. Algunos autores dividen en relatos y discursos los contenidos de la imagen. Relato es aquel que cuenta una determinada historia, y esta definición encuentra su principal representación en la cinematografía. La televisión, por el contrario, es una industria de enunciación discursiva. Ahí radica su dependencia con lo que unos párrafos antes he llamado "cuarto espacio". El cine borra las huellas de la enunciación, no deja ver la realización de la historia que presenta. Rara vez se dirige al espectador, aunque hay algunas excepciones, como *Mary Poppins,* donde el deshollinador cuenta a los espectadores dónde vive su amiga, la más famosa niñera del universo. También en *A la nave va* Visconti nos enseña al final el mar de papel de plata con el cual ha conseguido seducirnos. Cuando te entrevistan suelen decirte que mires a cámara. Es decir, al señor o la señora que se encuentra frente al televisor. En televisión, el presentador/a se dirige siempre al telespectador clavando en él su mirada. Esto convierte a la pequeña pantalla, más que en un medio de seducción, en un medio de propaganda.

En el texto cinematográfico, aparte de una lectura secuencial, la historia permite una lectura global. El seguimiento de un programa de televisión es fragmentario, del televisor "se sale y entra" fácil y habitualmente, y los programas se preparan con la intención de que los telespectadores participen de manera irregular en la emisión de los mismos. Además, se interrumpe constantemente con reclamos publicitarios, lo cual dificulta en grado sumo la lectura global.

Por último, hay dos cuestiones, la elipsis y la redundancia, que marcan notables desemejanzas entre el cine y la televisión. En cuanto a la elipsis, se puede afirmar que es propia del cine. Se corresponde con la instancia temporal de un relato y viene a omitir de la estructura exterior aquello que, aun afectando a lo profundo del relato, no tiene lugar en él.

Por el contrario, la redundancia no tiene papel en el 90% del cine clásico, mientras que la televisión juega continuamente con ella al facilitar la recepción de determinados mensajes. De la reiteración, en la pequeña pantalla, se abusa en tres vertientes diferentes, aunque dos de ellas están indudablemente relacionadas. La publicidad la usa constantemente como base de la eficacia de sus mensajes. Por esta vía –la publicitaria–, las diversas cadenas de televisión introducen sus promociones con las mismas técnicas: el mensaje directo y repetitivo. Asimismo, se utiliza con igual deliberación y finalidad propagandística en la información. Como podemos apreciar, el cuarto espacio está estrechamente asociado a la redundancia, como dos estrategias para un mismo propósito. De ahí que marque también el estilo de muchos espacios infantiles, toda vez que los niños, lejos de mostrarse renuentes a la repetición, la aceptan con agrado en el marco de su peculiar metabolización del aprendizaje y su configuración psicológica.

DIBUJOS ANIMADOS Y ADAPTACIONES LITERARIAS

Sin pretenderlo, asocio la animación con las adaptaciones literarias. Se debe a Walt Disney. La clave de su éxito ha sido recurrir para sus películas a la adaptación de leyendas, mitos, conocidos cuentos populares y clásicos de la literatura: *Blancanieves, La bella durmiente, La Cenicienta, La bella y la bestia, Robin Hood, Aladino, Hércules, El libro de la selva* y otros... Entre ellos, los niños encuentran sus preferidos. O bien los conocían ya antes de ver las películas de Disney, o bien llegan a ellos gracias al cine. Es como si el famoso productor estadounidense hiciera libros ilustrados como los que se editan para preescolares, añadiéndoles el movimiento. Profusamente ilustrados, los cuentos pasan por la pantalla y sus personajes saltan, juegan, pelean y viven aventuras. Les falta, no obstante, la voz familiar que lee o recrea la memoria. Podría afirmar que los niños, entre cualquiera de esos cuentos animados o los narrados por la voz del padre o la madre, prefieren la versión oral a la cinematográfica a poco que se les anime.

En cualquier caso, no hace falta ir al cine para ver dibujos animados. Éstos asaltan la tele y permanecen en ella, cubriendo bloques de programación, en todas las cadenas. Poco más puedo decir sobre ellos que lo que escribí hace ya 10 años:

"Un recurso que utilizan habitualmente todas las cadenas de televisión son los dibujos animados. Sus usos son múltiples en virtud de la capacidad del género para adaptarse a las más diversas posibilidades. Desde las series que tienen su propia entidad, hasta los pequeños bloques, sumamente útiles para llenar huecos de continuidad y ajustar horarios. También algunas prestigiosas productoras producen grandes bloques de programas ensartando dibujos animados. En las cadenas han introducido, desde hace algún tiempo, la variante de mezclar diversos productos bajo una denominación común. En ellas siempre está representado el género que nos ocupa.

"El carácter de estas series es muy variable, tanto en lo que se refiere a la calidad técnica de la animación como a la gracia del dibujo, al tema y a la excelencia del guión.

"La realización de un bloque de dibujos animados es muy costosa, si bien la cuantía depende del número de células: las producciones Disney, por ejemplo, incluyen unas 35.000 por episodio de 25 minutos, mientras que las japonesas oscilan entre cinco y seis mil".

Parece evidente la causa por la cual las cadenas de televisión han sustituido los dibujos animados europeos o estadounidenses por los japoneses. El precio es menor, se compran en bloques y se incluyen, en ocasiones, en paquetes de otros productos. El éxito de muchas de estas series es espectacular. Tampoco hay que olvidar que se acompaña de los cuantiosos beneficios del *merchandising*. Series como *Bola de dragón* o *Los Pokémon* lo evidencian. Van incluidas en lo que hoy se llama programas infantiles, pese a ser simples contenedores en los cuales los dibujos animados se suceden uno tras otro sin tener en cuenta las edades, mezclados los adecuados para preescolares con los dedicados a adolescentes. En un estudio realizado para la revista *Consumer*, hice las siguientes recomendaciones al respecto:

"Tendría que ponerse mayor atención en los guiones que forman el nexo de unión de los contenedores, utilizando un lenguaje más justo y rico, y elegir y dirigir mejor a los presentadores.

"Sería conveniente hacer bloques de series dentro de los contenedores, uno para cada etapa: preescolares, infancia y adolescencia. Bien determinado cuál de los bloques es para cada una de ellas. Quedaría, de esta forma, la responsabilidad de lo que viera cada niño/a bajo el criterio de aquellos adultos que tuvieran ascendiente sobre él/ella.

"La calidad estética de las series debe cuidarse. También el interés de los contenidos y su riqueza en valores. Existe en el mercado abundante producción de buena calidad.

"Las series de dibujos animados deberían alternarse con las de imagen real de forma equilibrada y, teniendo en cuenta la intensidad y velocidad de las imágenes, cuidar el ritmo para dar respiro al espectador, especialmente a los más pequeños.

"Ni que decir tiene que a nada conduce el exceso de violencia gratuita que contienen muchos productos que se están emitiendo hoy para los niños. La violencia de la ficción crea hábito, además de trivializar la violencia real".

Es importante el tema de la violencia, que marca una definitiva diferencia con el libro. En éste, el lector solamente llega a leer aquello que no daña su sensibilidad y que su psique puede soportar. Le es posible detenerse, volver atrás, saltarse unas páginas o dejar el libro. La acción violenta que puede herir no se presenta repentinamente, por sorpresa, sino que se va uno aproximando a ella paulatinamente, lo que brinda al lector la posibilidad de rectificar. En la pantalla en cambio, se producen los hechos de forma vertiginosa, a veces de forma inesperada y, antes de poder percibir lo que se le viene encima, el telespectador se lo encuentra de poco le sirve cerrar los ojos; lo verá irremediablemente. Imágenes feas hechas por otro, que uno no puede paliar, suavizar, llegando con la imaginación hasta donde se desee, recrearlas a voluntad como sucede durante la lectura.

De nada sirve decir que los niños distinguen la realidad de la ficción porque, según las edades, no es cierto. La pantalla es real, los dibujos también. ¿Cómo pueden comprender, siendo pequeños, que no lo es la historia? Además, las animaciones han cambiado las leyes que las caracterizaban. A este respecto se está dando un curioso fenómeno: los dibujos animados tradicionales como *Donald* o *Correcaminos,* donde vemos como uno de los personajes rueda por un barranco, se desploma sobre él una pesada pared, antes de que una máquina cortacésped le parta en lonchas y a pesar de todo se recupera, saliendo ileso, han dado lugar a animaciones de imagen real en las cuales la violencia se cobra numerosas víctimas y la sangre inunda la pantalla; por ejemplo, en la película *Akira.* Los dibujos clásicos, de Walt Disney y otros muchos, funcionan en el campo de la ficción y, dentro de éste, tenían sus propias leyes que los neutralizaban, haciéndolos inofensivos en cuanto a violencia se refiere –también ocurría en el cine mudo–. Al estar los actuales dentro del campo de la realidad, las leyes pasan a ser las de ésta. Paralelamente, en este ámbito –la imagen real no animada– se produce el proceso contrario, que se inicia en la televisión con el *Equipo A,* y que consiste en presentar las leyes del dibujo animado como reales. En algunas series se dispara, se estrellan unos coches contra otros, se viene abajo un avión y nunca pasa nada. Los héroes salen ilesos, sin tener en cuenta que nos estamos moviendo dentro de unos parámetros diferentes a los de la animación. No podemos hacer creer a los niños que los seres humanos podemos hacer las mayores atrocidades porque somos como Mickey Mouse, y como él no somos nunca responsables, porque nuestras acciones no tienen consecuencias. Es falso y nada educativo. La inocencia se pierde con el conocimiento de lo delictivo y degradante. Después, los jóvenes aceptan sus propias actitudes violentas y las trivializan. La violencia les parece inofensiva, se trata de un juego: "Quería saber cómo era de verdad", le dice a su padre el protagonista de *Benni's video,* tras asesinar a una compañera.

He hablado de imagen porque he dedicado parte de mi vida profesional a la realización de la misma y porque es casi un tema obligado en nuestros días, para bien o para mal, al hablar de cultura, condicionada hoy por la televisión, que la define, nos guste o no. También para encontrar aspectos que la relacionen con la lectura.

No obstante, antes de continuar, subsanaré un error que se comete habitualmente y en el que yo misma acabo de caer: los directores de cine y los realizadores de televisión hablamos de la imagen como si la hubiéramos inventado nosotros. Sin embargo, nuestro oficio consiste en seleccionar imágenes de la realidad y en grabarlas con la cámara de cine o vídeo para convertirlas en imágenes objeto.

Cuando se reflexiona, uno se da cuenta de que todo es imagen. Lo es el universo, lo son las representaciones de nuestros ancestros: un tótem, una danza, un rito. Lo es el arte, la pintura, la escultura, un poema de Leopardi, una ópera de Verdi o una sinfonía de Mozart. Lo es nuestra imaginación. Es imagen la expresión de la palabra y la forma que propone a nuestra mente.

Evidentemente, una lectura tan superficial como hacen los niños de la imagen no les aporta ningún conocimiento; más exactamente, elimina la curiosidad y el deseo de conocer y saber. Me he referido a una lectura superficial, pero no puedo ocultar que poco más se puede obtener de cualquier serie o película de las que suelen emitirse, mal llamadas de acción, y que se corresponden con lo que conocemos como serie B.

Me he preguntado, casi siempre que hablo o escribo sobre libros, cuál puede ser la causa de que padres sumamente estrictos en lo que a la lectura se refiere, que compran a sus hijos libros muy por debajo de su edad, que piensan que de no ser así podría suponer para ellos un mal irreparable, sean tan permisivos con respecto a la pequeña pantalla. No comprendo que los mismos padres que vigilan las lecturas como observan el termómetro, para saber con exactitud la temperatura ante cualquier indisposición de un hijo/a, descuiden el televisor y el mando a distancia con tanta facilidad.

Han quedado en un segundo plano las adaptaciones literarias y querría decir unas palabras al respecto. No soy partidaria de adaptar textos literarios –cuentos o novelas– para su divulgación en libros para niños. Permanece solamente el argumento, perdiéndose el estilo, el tiempo, el lenguaje: la voz del escritor. Creo preferible esperar a que el lector tenga la edad suficiente para leer el texto original. Mientras tanto, sí me parece un buen ejercicio contarlo de viva voz, incitando a su lectura cuando se tenga la edad suficiente. Si se consigue interesarle, se habrá dado un gran paso por el camino de la lectura: proponer estímulos para el futuro.

También se debe adaptar, cuando se crea necesario, el texto literario a otros formatos como puede ser el cine. Se han hecho magníficas películas sobre obras de grandes autores. Vienen a mi memoria *El motín del Bounty* y *La isla del tesoro* en cine clásico y, últimamente, *Sentido y sensibilidad,* pero se podrían citar muchas más. Eso sí, la adaptación debe consistir en convertir en imagen el cuento o la novela, y hacerlo con respeto y fidelidad. Cuando no es así, se degrada la obra y a su creador. Tampoco se debe falsear la historia si la adaptación es histórica y no se realiza con arreglo a los hechos reales y verídicos. Por poner un ejemplo relacionado con las animaciones, me referiré a una película reciente:

Anastasia, hecha por la compañía cinematográfica Warner. En ella se narra la historia de la mujer que dijo ser hija del zar Nicolás II, pero que, por no ser reconocida por su abuela, terminó su vida en el anonimato y la soledad. En la película, a las masas de la revolución rusa se las considera una maldición que Rasputín hace a los zares. Se altera la fecha de la muerte de Rasputín. Anastasia es, efectivamente, hija de Nicolás II, y la familia, incluida su abuela, la reconoce. Se casa con un cocinero de la corte de su padre y vive feliz con su familia. No es correcto ni positivo, ni para la historia ni para los niños, borrar la memoria histórica.

PELÍCULAS Y LIBROS

En definitiva, a donde quiero llegar —después de haber hablado extensamente de lectura y libros, sin olvidar un tema ineludible como es la televisión— es a expresar mi convencimiento de que se puede llegar al libro a partir del cine, y no me refiero a que se produzcan programas de televisión teóricos, de crítica de libros que, supuestamente, fomenten el hábito lector.

He analizado en un capítulo anterior las posibilidades que tienen los padres que no leen para despertar en los hijos la afición a la lectura. No parecían ser demasiadas, salvo que se hablara del tema en la familia con modestia y sinceridad, que tampoco es fácil. Pero ¿y el cine? ¿Acaso el cine, especialmente el clásico, no es un vehículo perfecto para habituarse a la comprensión de la historia, a la lectura secuencial, a permanecer atento a la acción que se nos plantea, al blanco y negro como la letra impresa, a discurrir pensando en unos hechos concretos y en unos personajes? A conocer, y unos conocimientos remiten a otros, y unas historias también remiten a otras historias. Curiosidad, afán de saber, la búsqueda de datos, de temas similares al que nos ha interesado y el remitir a los libros mediante la conversación, que fácilmente surgirá como consecuencia de la película. Naturalmente, siempre que los padres y los hijos la vean juntos. Como en tantas cosas que afectan a los hijos, los padres tienen la palabra.

ANÁLISIS Y RECETAS

• Muchos padres no entienden en qué medida la imaginación, los sentimientos y el temperamento del niño se modifican con la televisión. A veces considero que debe parecerles una sana ocupación, puesto que los mantiene quietos y callados en vez de en movimiento, con la consiguiente molestia que suele producir su actividad. Me pregunto si en vez de hijos lo que estos padres aspiraron a tener fueron televidentes.

• En cualquier caso, lo entienda o no, no hacen nada para remediar la limitación que necesariamente supone dedicarse a una actividad única y tan poco enriquecedora, intelectualmente hablando, como ver televisión durante un tiempo casi ilimitado. Si ellos –los padres– dedican su tiempo libre a permanecer ante el televisor, ni hablan de otra cosa que del programa de turno, y no se les ve nunca con un libro y rara vez con el periódico, es difícil que los hijos no los imiten.

• No se trata tanto de limitar el tiempo que los niños ven televisión como de seleccionar los programas que van a ver y, cuando es posible, verlos con ellos.

• Hay que aprender a ver la televisión cuando no hay nada mejor que hacer y el programa interesa verdaderamente. Menores y mayores. Niños y adultos.

• Un buen ejercicio es aprender a conectar y desconectar el televisor. Se conecta cuando se va a ver un programa concreto y se desconecta cuando ha terminado, aunque se vaya a volver a conectar poco después.

• Es un error instalar un televisor en la habitación de los niños o de los adolescentes.

• Muchos padres/madres abrigan serios temores a la hora de poner un libro en manos de sus hijos, y no los preocupan los programas que ven en televisión.

• El cine, sobre todo el clásico, puede conducir al libro, además de facilitar el diálogo entre padres e hijos si las películas, bien seleccionadas, las ven juntos.

• Hablar es mejor que mirar, salvo que se mire con la finalidad de hablar.

10. La memoria de uno mismo

¿Cómo separar lo que uno ve en el espejo de lo que ve en la memoria? Últimamente me persiguen los recuerdos de infancia como si me desdoblara y la pequeña que fui se aproximara tanto a mí que pudiera tocarla sólo con extender la mano. En algún momento he llegado a dudar si será verdadera la de ayer y la de hoy sólo una ficción. Las dos no pueden ser la misma porque, de ser así, estaría irremisiblemente rota. Cuando la niña existía no había diferencias entre desear y ser; entonces yo creí ser lo imposible, lo creo todavía. ¿Y si aquella cara que me parece anodina y que me observa desde el espejo fuera solamente la máscara de un disfraz, una mentira creada para defender a la pequeña que fui, salvándola de mí misma? ¿Y si, por el contrario, la niña, tal y como lo piensa la memoria, no hubiera existido jamás? Tal vez estoy irremediablemente dividida: por una parte, la mujer que contemplo escéptica en la superficie lisa y bruñida del cristal, y por otra, la niña rival, la niña desconocida, la niña enemiga. Me parece terrible que el núcleo de entidad del ser humano —la percha que sostiene el vestido, la viga que sujeta la casa, la nebulosa que sustenta el alma— se halle situado en la infancia, porque apenas se encuentra a sí mismo en un tiempo pretérito que, sin embargo, sabe que ha marcado su vida. La niñez otorga presencia al tiempo de uno, midiéndolo de principio a fin, materializándolo y dando consistencia a su naturaleza. Quizá morir sea tan sólo volver a la infancia para diluirse en ella; quién sabe si la nada consistirá en un desmemoriado perderse en los recuerdos y las vivencias del ayer.

Las líneas que acabo de escribir pretenden ser literarias, pero ¿cómo separar la literatura de las experiencias, sensaciones y sentimientos que han marcado nuestra vida? Todo ello forma una urdimbre que permanece en nuestra memoria y define nuestra imagen en el pasado. Nos vemos en el ayer, y lo escribimos no sé si para no olvidarlo jamás o para liberarnos definitivamente de nosotros mismos.

Hace ya unos años, creo que fue en Canal +, se emitió una serie donde el protagonista incluía en sus recuerdos programas de televisión. Era divertida y amable, y la vi con placer. El tema me pareció serio pese a tener un tratamiento ligero. Me había preguntado ya entonces cómo serán los recuerdos de nuestros niños. ¿Estarán, como en la serie de televisión, repletos de imágenes creadas por otros y que, no obstante, llenarán el ayer como si lo hubieran vivido en el interior del televisor? Escasamente recordarán otros juegos que los que llevan nombres de programas. ¿Y canciones? ¿Y cuentos? La familia limita sus horarios de convivencia y escapa del recuerdo. Espero que no.

Me veo en el pasado. Tardes de invierno y el libro entre las manos. Hasta mis oídos llegan sonidos familiares: en la cocina se bate un huevo —a la abuela le gusta la tortilla—, los platos se golpean ligeramente y parecen cantar —están poniendo la mesa para la cena—. Llaman a la puerta —hay visita—. Me llega la voz de mi madre. En el espejo veo a mi padre, que lee, como yo. En verano, en la playa, también leo y las páginas se llenan de arena, las sacudo con la mano y crujen, como si se quejaran. Mi abuela me regaña por no bañarme; ella tampoco se baña. Cuando vuelvo a tomar el libro mis manos están mojadas. Cada libro me dejaba un poco más de mí misma. En sus páginas me reconocía, dándome cuenta de que no era la única en pensar aquello que tantas veces me reprochaba, o me reprochaban. Comprendía por qué me pasaba esto o lo otro, cualquier cosa. Lo importante era que me veía reflejada en los personajes y en sus circunstancias. Con el pasado, con los libros, recuerdo la memoria de mí misma.

LA FAMILIA COMO HISTORIA

He releído varias veces *El Robinson suizo* de Rodolfo Wyss y, sin querer, me he identificado con ella: creo que la familia que formábamos mis hijos y yo estuvo en ocasiones cerca del naufragio, supongo que como todas, como la familia del libro; pero también como ella tuvimos la perseverancia y la paciencia de volver a construir, para izar velas una vez más. No me acuerdo con detalle del libro porque hace ya años que lo leí por última vez. Recuerdo el tema: una familia que naufraga durante un viaje a causa de una tormenta. Lo que me gustaba de aquella novela era cómo se habituaban sus protagonistas a vivir en la isla, organizándose para sobrevivir en un ambiente hostil y desconocido. Del barco llevaban a la isla cuanto podían salvar, con algunas herramientas fabricaban enseres y utensilios. Se construían una vivienda, se distribuían quehaceres y cometidos, y entre ellos había un firme deseo de contribuir al bienestar general. Nosotros también lo teníamos y a veces éramos lo suficientemente generosos como para poner en práctica nuestros propósitos y a veces no. Jamás se rompió nuestra relación afectiva ni nuestra convivencia cordial. Creo que se debió, sin duda, a que nos queremos sinceramente, pero también a nuestras veladas hablando de muchas cosas, a lo que nos contábamos los unos a los otros, a las lecturas en voz alta, a las afinidades de hábitos, gustos y aficiones. No, no se trata tanto de la historia de nuestra familia como de la familia como historia.

11. La cocina y los niños

La cocina es un espacio maravilloso. Me gusta habitarlo. Me encanta guisar. Creo que es un ejercicio tan apasionante como escribir. No me atrae guisar para mí sola, sino para otros, y compartir la comida hecha con cuidadoso amor. Supongo que se debe a que, durante años, he cocinado para mis hijos y sus amigos y los míos: un batallón. Mientras vivimos todos juntos, antes de que se casaran o se independizaran, hacíamos la vida alrededor de una mesa camilla enorme que había próxima a la cocina. Creo recordar –quizá la agrande mi memoria– que tenía más de dos metros de diámetro. La realidad era que cabíamos todos holgadamente. Salvo los ratos que dedicábamos a charlar –ya he dicho que eran muchos–, cada uno se dedicaba allí a sus diferentes ocupaciones: leían, hacían deberes escolares y trabajos universitarios, se ayudaban los unos a los otros... También se discutía. En aquella mesa se juntaban los libros y los lapiceros y cuadernos con la verdura y los utensilios de cocina.

En la cocina jugaban los pequeños, los que todavía eran niños y, además de lo que aprendían con sus juegos, estaba lo que aprendían de los hermanos, que se sentaban en la mesa para jugar a su vez con papeles y bolígrafos. Supongo

que también aprenderían de mí. Mi hijo pequeño me ayuda-
ba a guisar. Me consta que le gustaba acompañarme, pero
también guisar. No sólo estoy contenta de que lean, también
de que guisen. Hijas e hijos saben guisar y contar cuentos.

RECETAS Y CUENTOS (SIN ANÁLISIS). VOCES, LETRAS Y PALABRAS

Narrar un cuento, contar o escribir un relato, incluso
una novela, tiene mucho que ver con elaborar una receta
de cocina. Una vez, hace mucho tiempo –se trataba de uno de
mis primeros trabajos–, una editorial me encargó que diera
forma a un buen número de recetas con las cuales iban a hacer un libro. Estaban mal escritas, era cierto, pero eran muy
ricas. Lo sé porque fue así como aprendí a guisar. Pese a que
guisar bien era una tradición de las mujeres de mi familia, yo
no le había prestado atención a la cocina hasta que me en-
frenté a las recetas. Recuerdo que fue en verano y que lo pase
bien leyendo cada una de ellas, probando cómo sabía y escri-
biéndola correctamente a continuación. Desde entonces me
encantan los libros de cocina y colecciono aquellos que me parecen más originales: *Cocina y filosofía, Viajes y cocina* y
cosas semejantes. Creo que algún día escribiré un libro que
trate extensamente de cuentos y cocina.

Lo que trato de decir aquí es que de la misma manera
que cuando se hace una receta se reúnen los ingredientes mí-
nimos sobre una mesa –tomates, pepinos, aceite, vinagre y
pan, para un gazpacho; agua, harina y levadura, para la masa
de las empanadillas–, para escribir o, sencillamente, para
pensar un cuento, se tomen las palabras y se agrupen en el
espacio propio que uno tiene en su interior celosamente
guardado. Sin embargo, tampoco se escribe o se piensa sólo
para uno mismo, sino para los demás, desde uno mismo. Las
palabras deben ser las que a uno le gustan, pero las más bonitas que uno pueda encontrar. Con ellas tenemos que enamo-

153

rar. Es para lo que se escriben o se cuentan los cuentos: para enamorar. Está bien que nos quieran si sabemos corresponder. Claro está que todas las palabras son bonitas si se mezclan debidamente, como el gazpacho, si se amasan con habilidad y fuerza, como la masa. Érase una vez una niña pequeña, tan pequeña como ¿qué? Un guisante, un botón, un granito de sal. Así empieza el cuento. Ahora hay que ver como se continúa. De esta forma inventó sus cuentos Sherezade, noche tras noche, y sus preciosos relatos Isak Dinesen, para consolarse de haber perdido África. Hay que enamorar a los niños con la magia de la voz. Se puede. Hay que hacer sopas con letras, muchas sopas con letras. Se puede, de verdad que se puede. Hay que pensar y repensar las palabras. Se puede. Lo prometo.

Ya me lo contarán.

12. Análisis y recetas. Resumen

• El lenguaje, la imaginación y el libro son inseparables. Los tres elementos están vinculados estrechamente al pensamiento. Alimentar cualquiera de ellos supone un enriquecimiento intelectual.

• Hacer que los hijos lean no es empresa banal, dada la importancia de la lectura y, para conseguirlo, los padres y educadores deben dedicarle tiempo y atención.

• Cuando los padres/madres leen, los hijos suelen imitarlos leyendo a su vez. El padre y la madre que valoran los libros comunican fácilmente su interés por la lectura.

• Si los padres no leen, tampoco deben darse por vencidos. Lo importante es que crean en la necesidad de la lectura y en la positiva influencia que ésta ejerce en la formación de la personalidad.

• Tanto los padres y las madres que leen como los que no abren nunca un libro les pueden contar cuentos a sus hijos. El cuento narrado de viva voz es el camino que conduce, me atrevería a decir que infaliblemente, a la lectura.

• A contar cuentos se puede empezar desde que el niño/la niña está en la cuna. Nanas, juegos de palabras, retahílas, poemillas y frases de cariño como: "Había una mamá/un papá como yo que quería muchísimo a un niño como tú...". Cualquier cosa, por cotidiana que sea, con una mínima forma de relato puede tener cabida en lo que llamamos cuento.

• Conforme los pequeños van creciendo, el relato irá necesitando algunos elementos más. Servirán todos aquellos que distraigan la atención del niño y motiven su fantasía.

• Todos podemos inventar cuentos con facilidad si nos lo proponemos. Los cuentos inventados por los padres son los preferidos de los hijos.

• Elementos para un buen relato serán los objetos y muebles que pueblan la casa o que se encuentran dentro de armarios y cajones, que siempre pueden ser elementos de misterio. También los viajes a donde la imaginación te lleve y los desplazamientos, el parque, los jardines, las tiendas en las que todo se puede vender y comprar, la calle en definitiva.

• Los juguetes formarán también parte del bagaje imaginativo que utilicemos como material para nuestros cuentos. ¿A quién no se le ocurre, fácilmente, un relato sobre uno de los ositos que habitan el cuarto de jugar, una casa de muñecas o un coche de carreras?

• Las ilustraciones de los cuentos sirven para ser explicadas. Me refiero a abrir el libro por cualquier ilustración e ir diciendo lo que representa. Es una forma novedosa y eficaz de convertir un cuento que ya se conoce por otro prácticamente nuevo.

• Los títeres nos permiten narrar cuentos como en un juego y enviar a los oyentes mensajes educativos que los adultos difícilmente podemos hacerles llegar sin suscitar algún tipo de recelo. Pueden utilizarse los de dedo, que se ajustan o se pintan en los dedos, y los de guante. Tanto los unos como los otros serán útiles en ambientes recogidos o en espacios pequeños. Nos pueden servir igualmente los teatrillos con muñecos de cartón o papel. Tanto la familia como la vida cotidiana están llenas de posibilidades. Los hermanos, los abuelos, los tíos y primos, tanto mayores como pequeños, pueden protagonizar fábulas, relatos y cuentos.

• El pasado nos ofrece un importante material de sucesos y personajes que forman parte de nuestra historia.

• El mejor personaje, sin duda el mejor, será el propio oyente, a quien le gustará participar en el relato con una función tan relevante como la de protagonista. Cuando hay más de un oyente, el protagonismo deberá alternarse con un riguroso orden que dictarán las circunstancias y el carácter de los oyentes.

• Inevitablemente, cualquier historia tiene su mensaje. El narrador puede hacer volar al oyente de la mano de la imaginación o reprimirle, limitándole; algo que en ningún momento recomendaré.

• Me parece muy importante estimular los valores: prudencia, reflexión, generosidad, solidaridad, amor a la naturaleza, consideración a los demás sea cual sea su sexo, color, nacionalidad o religión, etcétera. También se debe motivar la autoestima. La niña o el niño que nos escucha es siempre fuerte, valiente, guapa/o o bueno/a.

• Los cuentos son un material afectivo/educativo en cualquier momento y circunstancia. A la hora de comer pueden estimular el apetito y centrar la atención del oyente en la comida. Deben versar, preferiblemente, sobre temas relacionados con ella. Hay buen material, porque en muchos de los cuentos populares y en los de hadas el tema de la comida está presente. La actitud del narrador debe ser alegre y estimulante.

• Para dormir conviene que los cuentos sean relajantes y la voz del narrador baja y suave. La luz también. Los relatos nunca deben dar miedo.

• Cuando los niños se enfadan es un buen recurso distraerles la atención con el elemento sorpresa. Apelar a algo extraordinario e insólito que, imaginariamente, acaba de ocurrir, y darle forma de cuento cuando se ha conseguido centrar al pequeño/a.

• También en los viajes es útil un buen cuento. El propio desplazamiento brinda un buen material. Cada vez que el niño se desespere y nos desespere preguntado por enésima vez: "¿Cuándo llegamos?", se puede recurrir al cuento e incluso inventarse aventuras de una familia viajera que se encuentra en parecidas circunstancias.

• Sin embargo, no siempre es necesario inventar cuentos. Existe un material abundante y variado no sólo en la tradición oral, también en las librerías.

• Conviene saber que el narrador o la narradora no debe tener una especial capacidad para inventar y contar cuentos, basta con un mínimo de imaginación y cierta sensibilidad. Y también sencillez y naturalidad, alegría y buen humor.

• Tampoco necesita dotes especiales de actor, porque no tiene por qué actuar. No obstante, el teatro, como la poesía, nos proporcionará recursos de riqueza cultural y psicológica.

• No importa repetir los cuentos. A los niños les gusta e incluso les conviene.

• Tanto el cuento narrado como el libro son medios y formas de comunicación e importantes nexos de unión incluso entre desconocidos y, muy especialmente, entre amigos y familiares.

• No se trata solamente de contarles cuentos a los niños, sino de que ellos también nos los cuenten a nosotros. Es una forma sencilla y grata de enterarnos de lo que pasa por sus cabezas, de los hechos que los trastornan, de todo aquello que les sucede en el colegio y en la calle.

• ¿Hasta cuándo hay que contar cuentos a los niños? Ha sido fácil decir que se debe empezar en la cuna, pero no lo es tanto marcar un límite. Creo que la mejor pauta nos la darán ellos. Se les puede dejar de contar cuentos cuando ya no los pidan. Sin embargo, el final del cuento narrado de viva voz suele coincidir con el inicio de la lectura.

• Cuando los niños acaban de terminar el proceso lector y ya saben leer, lo más posible es que no entiendan lo que leen. No se les debe dejar con un libro entre las manos hasta que no esté uno seguro de que comprenden y de que han adquirido cierta agilidad en la lectura. Mientras tanto, lo mejor es leerles en voz alta.

• Leer y no entender es lo que se conoce como analfabetismo funcional. Si no se corrige, se convierte en un lastre que irá creciendo y que impedirá el desarrollo intelectual, acarreando un fracaso tras otro en el terreno escolar.

• El aprendizaje de la lectura no es fácil y obliga a los niños a esforzarse. Los padres deben estimularlos con paciencia. Hay que acompañar a los niños en su aprendizaje de la lectura.

• Los padres/madres deben ayudar a los futuros lectores a convertir las palabras en imágenes, leyendo con ellos y facilitándoles la comprensión cuando no entienden lo que se les lee.

• El padre y la madre deben leer con los hijos. Además de suponer un lazo afectivo, se cumple con una labor educativa. De paso, si los padres no son aficionados a la lectura, quizá lleguen a serlo leyendo en familia. Hay distintas fórmulas para realizar estas lecturas. Nos limitaremos a dos, pero pueden inventarse otras:

A) Reuniéndose con cierta periodicidad, escogiendo un libro que se adecue a las edades de los hijos y, a ser posible, a sus gustos e ir leyendo parecido número de páginas, uno tras otro, ordenadamente incluidos. La decisión sobre la periodicidad, elección de días y horas, así como la selección de libros puede hacerse en común. ¡Ah! No tienen por qué convertirse en una ardua y pesada obligación ni para los pequeños ni para los mayores. Mientras más relajadas y amenas resulten, mejor resultado darán.

B) Creando un tiempo y, cuando es posible, un lugar para la lectura. Cada uno leerá lo que quiera y en voz baja. Eso sí, no se obligará a nadie, y quien no desee leer no tendrá por qué hacerlo, siempre que dedicarse a cualquier otra actividad no suponga molestar a quienes leen.

Y llegamos a la biblioteca:

• Tener demasiados libros sin leer no me parece una buena fórmula para aficionar a la lectura, pues agobian y llegan a convertirse en un obstáculo insalvable que produce malestar y culpabilidad.

• En consecuencia, no creo en las ventajas de comprar demasiados libros a niños y adolescentes, salvo que sean ellos quienes los pidan. En ese caso, no se les deben negar, porque es de suponer que quieren leerlos.

• Como regla general, creo que es bueno que los libros se deseen, como los juguetes. Y, sobre todo, que se lean. Pero para ello los incipientes lectores tienen que verlos en las manos y en la biblioteca de sus padres.

• Sólo los niños que leen podrán tener su propia biblioteca. Mientras tanto, los libros que se les vayan leyendo podrán estar en un estante de la biblioteca familiar.

• En principio, tampoco se trata de que cada niño disponga de su propia biblioteca. La compartirán los hermanos, dividiéndola por estantes cuando sea necesario, o sea, cuando alguno de ellos haya leído y disponga de un número de libros que lo justifique.

• Mientras tanto, colocaremos en los estantes de una biblioteca –puede ser la nuestra o la propia, cuando la tengan– todos aquellos libros que hemos utilizado para contarles cuentos. Así será más fácil remitir del cuento al libro, y viceversa.

• Mejor si ponemos los dedicados a los más pequeños en un estante bajo, a su alcance, sin temor a que los saquen, los toquen, los hojeen y los rompan. Iremos colocando libros en estantes superiores por edades, o sea, los más altos para los mayores.

• Tendrán que disponer de una escalera, preferiblemente de madera, y de dos o tres peldaños bajos y anchos, y advertirles que tengan cuidado y no dejen que la utilicen los más pequeños, para evitar riesgos.

• El orden es un factor importante. Cuando cada niño tiene sus propias estanterías debe establecer igualmente su propio orden. Hay que tener en cuenta que la razón del orden en las bibliotecas es la de encontrar los libros con facilidad. No hay que tener prejuicios al respecto y entender que lo más fácil y cómodo será lo mejor aunque no se ajuste a un método de organización convencional. Difícilmente podrán los niños adaptarse a un sistema alfabético y sí a uno de colecciones, colores, temas o gustos particulares.

• En un principio se les debe ayudar, explicándoles la necesidad y el sentido del orden en una biblioteca, dándoles ideas y ordenando los libros con ellos como estímulo y para enseñarles.

• Hacer fichas de los libros es una buena forma de prolongar la actividad de la lectura, y también de entretenerse y, al mismo tiempo, profundizar en lo que se lee. Ahora bien, dichas fichas no deben convertirse en análisis de texto ni en deberes escolares. Cada lector debe hacerlas como quiera, con toda libertad. Algunos podrán guiarse por lo aprendido en la escuela, otros escribir cuentos sugeridos por el texto o dibujar las fichas.

• Está muy bien acostumbrar a los niños a acudir a la biblioteca pública o a las librerías, especialmente a aquellas que dispongan de espacio para la lectura y permitan hacer uso de los libros.

• También la biblioteca escolar debe ser abundante y variada, adecuada para cada edad sin gazmoñería, bien ordenada pero fácil de manejar, y no olvidar que a los niños/as hay que ayudarlos, animándolos a utilizar la biblioteca, tanto en el colegio como en casa, para que se lleven los libros, los lean y los compartan.

• Tanto en la lectura familiar como en las visitas a la librería, cuando se les acompañe a la biblioteca pública o se ordene con ellos la propia biblioteca, se puede hablar de libros o sobre los libros. La finalidad de estas conversaciones es triple: dialogar con ellos, conocerlos y enseñarles a razonar.

161

- "¿En qué consisten estas conversaciones? ¿Cómo se desarrollan?", quieren saber padres y madres. "En hablar con naturalidad, de forma espontánea, sobre los temas que sugieran los libros", les contesto yo. Pero me cuesta que lo entiendan. Es como si existiera algún impedimento difícil de solventar, porque me preguntan de nuevo: "Pero ¿cómo se habla sobre temas de libros?". Respondo sin vacilar: "Haciendo preguntas". "¡Preguntas! ¿Qué preguntas?". Me quedo desconcertada; hasta ese momento me había parecido sencillo establecer un diálogo sobre un libro porque yo lo hago con frecuencia. Lo pienso e intento concretar: "Preguntas: todas aquellas que a uno se le han ocurrido mirando el libro infantil en cuestión. Suele ser un sistema que no falla. "¿Por qué te ha gustado o no te ha gustado este libro? ¿Qué piensas de la historia que cuenta? ¿Y de los personajes? ¿Cuál te hubiera gustado ser? ¿Por qué? ¿En su caso, qué hubieras hecho tú? ¿Lo mismo? Entonces, ¿estás de acuerdo con cuanto le sucede a él? ¿Querrías que te pasara a ti lo mismo? ¿Por qué? ¿Y de los otros personajes, de cuál te hubiera gustado ser amigo? ¿Por qué? ¿Y el final cómo lo ves…? ¿Por qué, por qué, por qué?". Naturalmente, las preguntas estarán acorde con el tema del libro y la edad del lector. También con la ilusión y el interés del padre y de la madre por hablar con el hijo/a.

- No es tan difícil hablar con los hijos; los temas los facilita la vida y los reflejan los libros. Lo cotidiano, el ánimo, la familia, los amigos, la casa y la calle, el colegio, las vacaciones, el amor, el desamor, lo que pasa en el mundo, tanto lo bueno como lo malo, lo que nos entristece y lo que nos alegra, todo, con los únicos límites de la edad. No es lo mismo hablar con un niño de seis años que con un adolescente, nos lo dicta el sentido común.

- Para terminar, quisiera dar un consejo sobre la elección de los libros para niños: exigir que unan lo útil y lo bello. Que distraigan y tengan contenidos y calidad. Será más fácil acertar si conocemos sus gustos y aficiones.

• Se debe ser muy flexible y tener la mentalidad tan amplia ante la librería como suelen tenerla la mayoría de los padres ante el televisor ¿Por qué, me pregunto, se permite que los niños vean cosas en la pequeña pantalla que nunca se les dejaría leer? Especialmente a los adolescentes, que ya tienen edad para escoger sus propios libros, aunque debamos conocerlos.

• La televisión nos entrega con frecuencia imágenes creadas por otros que nos imponen una realidad uniforme y estereotipada, impidiéndonos que nos comprometamos con ella. La lectura nos obliga a posicionarnos.

• Hay que aprender a ver la televisión cuando no hay nada mejor que hacer y el programa interesa verdaderamente. Menores y mayores. Niños y adultos.

163

• El cine, sobre todo el clásico, puede conducir al libro, además de facilitar el diálogo entre padres e hijos si las películas, bien seleccionadas, las ven juntos.

• Los adultos –padres y maestros– debemos ser lo suficientemente generosos como para permitir a los hijos/as y discípulas/os leer lo que les gusta más, dentro de lo que puedan escoger, y también que dejen un libro a medio leer cuando no les interese, que lo hojeen y lo rechacen, que lean el final, que se lo cuenten a quien les parezca oportuno y acepte escucharlo, que lo critiquen negativamente aun en el caso de que nosotros opinemos lo contrario, que digan que no les gusta aunque se lo hayamos regalado con ilusión, y que no lo lean si no lo desean.

• Hay un primer libro en nuestra vida, definitivo para que uno sea un buen lector. Cuando se trata de una obra interesante y amena que excita la curiosidad y apasiona a quien la lee, el objetivo está logrado. En la vida de quienes leemos ha habido un familiar, un amigo o un profesor que nos recomendó un libro y nos transmitió su amor por la lectura, demostrándonos que hay un largo y apasionante camino por recorrer.

Epílogo

Qué mejor que la recomendación de algunos libros para adolescentes. Los padres siempre me lo piden, y me parece útil y práctico. He recomendado otros, para diferentes edades, a lo largo de estas páginas. Muchos de ellos han sido publicados por Alfaguara. Y esto obedece a dos razones. La primera, la comodidad, lo reconozco. La segunda razón: me ha parecido que se ajustaban en todo momento a mis consejos y recomendaciones.

- *Dos casos únicos,* de Patxi Zubizarreta.
- *El libro de piel de tiburón,* de Manuel de Lope.
- *El oro de los sueños,* de José María Merino.
- *El beso del Sáhara,* de Gonzalo Moure Trenor.
- *El cuerno de Maltea,* de José A. Ramírez Lozano.
- *Cuenta saldada,* de Suso de Toro.
- *Como saliva en la arena,* de Klaus Kordon.
- *Cuaderno de tierra firme,* de Anjel Lertxundi.
- *La noche en que Vlado se fue,* de Manuel Quinto.
- *Las pelirrojas traen mala suerte,* de Manuel L. Alonso.

No pueden faltar en estas sugerencias aquellos libros escritos por autores que se dedican fundamentalmente al mundo de los adultos:

- *Los jefes y los cachorros,* de Mario Vargas Llosa, un libro duro pero de gran calidad para adolescentes.

- Para todas las edades: Roald Dahl. Junto a *Matilda,* su título más conocido, otros muchos: *Las brujas, Charlie y la fábrica de chocolate, ¡Qué asco de bichos!* y *El cocodrilo enorme, Agu Trot, El Superzorro, La Jirafa, el Pelícano y el Mono,* etcétera.

- *El verano de Lucky,* de Ángeles Caso (la historia de un perro abandonado).

- De Carlo Frabetti: *La magia más poderosa, El bosque de los grumos* y algunos títulos más, todos ellos acogidos con entusiasmo por todos los niños que conozco y que los han leído. Este autor tampoco se olvida de los pequeños: *Fábulas de ayer y de hoy.*

- *Bala Perdida,* de Manuel Rivas.

- *Un misterio en el laberinto,* del magistral escritor Italo Calvino.

- *Un baúl lleno de lluvia,* de Ana Rossetti, relato que encabeza una serie de cuatro títulos.

- *Papá, ¿qué es el racismo?,* de Tahar Ben Jelloun.

Este libro se terminó de imprimir
en los talleres gráficos de Unigraf, S. L.
Móstoles (Madrid), en el mes
de marzo de 2004